親子で楽しく考える力が身につく！

# 子どもの語彙力の育て方

**Takashi Saito**

## 齋藤 孝

KADOKAWA

# はじめに

　子どもが育っていく中で大事なことについて、福沢諭吉はこう言っています。

　「先ず獣身を成して後に人心を養う」

　何よりもまずは獣のような強い体、健康な体作りが大事だと言います。その次に「人心」、これは学ぶことですね。

　**私は、人の心を持つこと、学ぶことの中で、最も大事なのは「言葉」だと思っています。**ですので、語彙力の大切さを伝え続けてきました。

　ヘレン・ケラーは、サリバン先生によって自分の手に流れ落ちる冷たいものが「water（水）」であると知り、それをきっかけに、物にはすべて名前があることを知ります。そして、言葉によって自分の考えが浮かんだり、感情がわきおこったりすることを実感します。

　**人は、言葉を通して考えや感情が育まれ、言葉を知れば知るほど世界が豊かに感じられるのです。**

言葉を知る、語彙力を身につけるのは、心を豊かにして生きていくためなのです。

　例えば音楽好きな家庭では、常に音楽が流れていたり、家族で演奏したり歌ったりすることがあるでしょう。日常的に音楽に親しむことができているのだと思います。
　ですが、語彙好きな家庭（があればいいなという希望ですが）で、普段から四字熟語を言い合ったり、新しい言葉をすぐに調べたりするというのは、なかなかハードルが高いかと思います。

　本書では、普段の親子のコミュニケーションの中で語彙力を高めていってもらいたいという思いで、言葉に関するゲームをたくさん紹介しています。いろいろな種類のものがありますので、ご自身たちに合ったゲームを選んでもらえればと思います。
　言葉を知ることを「勉強」ではなく「ゲーム＝遊び」と思えたら、子どもの語彙力はグングン伸びます。
　私は大学生の授業の中で、課題をゲームとして出すことがあります。不思議なことに、「○○ゲーム」と名付けた瞬間に、前のめりに取り組んでくれるん

ですね。本書で紹介するゲームは、私が大学生とやっておもしろかったゲームをアレンジしたものもありますし、小学生と一緒にやって盛り上がったものもあります。

「語彙力」と「ゲーム」を結び付けるとこんなにも楽しくなるということを、実感していただければと思います。


**第1章は、カンタンな言葉遊びです**。何の準備もテキストも必要ありません。思いついた言葉を言い合ったり、オリジナルな言葉を作ったり、クイズを出したりするゲームです。

家の中でのちょっとした時間や、買い物に出かけるときの道中、車や電車の中でのヒマつぶしにも最適です。

子どもの年齢や知識量に応じて、やさしくも難しくもできます。これはゲームであってテストではないので、もし子どもが答えに詰まったら、どんどん助けてあげましょう。大事なのは長く続けること。子どもが飽きずにやり続けることで、語彙力も親子の関係もよくなることでしょう。

**第2章は、第1章よりも少し考えることが必要**

なゲームです。子どもの成長、語彙力アップに従い、第２章のゲームも取り入れてみてください。

　基本的には会話で行うゲームです。語彙が増えてくると、おもしろい答えやアイデアが生まれてきます。子どもの答えのすべてに「おもしろい！」「いいね！」とリアクションし、背中を押してあげてください。

　**第３章は読解力を育むゲームなので、「読む」ことがテーマになります**。ただし、もくもくと本を読むのではなく、音読ゲームとして競うものもあるので、ゲーム性は高くなります。ぜひ、親子で真剣勝負をしてみてください。

　**第４章、第５章は、親から子どもへの声かけです**。第４章は自己肯定感を育むための声かけ、第５章は考える力を育むための声かけです。

　子どもにとって、親からかけられた言葉は心に残ります。いい言葉もそうではない言葉も、子どもの心の奥深くに届きます。だから、ぜひ子どもにとっていい影響のある言葉をかけてあげてください。

　**第６章は、子どもの語彙力のために親ができることを述べています**。もし、子どもに「どうして語彙力が必要なの？」と聞かれたら、自信をもって答

えてあげてください。

　**ゲームを通して、親子のコミュニケーション自体が増えることも期待できます**。子どもが悩んだり傷ついたりすることがあっても、親に相談できるような関係性ができていれば安心です。

　親子で、語彙力ゲームを楽しんでみてください！

# もくじ

親子で楽しく考える力が身につく！
子どもの語彙力の育て方

はじめに ……………………………………………………………… 2

第 **1** 章

# 親子でできる
# 言葉遊び11選

● 「〜と言えば」ゲーム ……………………………………… 16

● 韻踏みワード対決 ………………………………………… 18

　同じ語尾一覧 ……………………………………………… 20

● オノマトペゲーム ………………………………………… 22

　オノマトペ一覧 …………………………………………… 24

● つづき当てゲーム ………………………………………… 26

　四字熟語一覧 ……………………………………………… 28

　慣用句・ことわざ一覧 …………………………………… 32

　国名一覧 …………………………………………………… 36

● 熟語しりとり ……………………………………………… 40

　二字熟語一覧 ……………………………………………… 42

● 想像力で名前をつけちゃおう …………………………… 44

● カタカナ語・日本語言いかえ選手権 …………………… 46

● 修飾語ゲーム ———————————— 48

　　修飾語一覧 ———————————— 50

● お上品敬語ゲーム ———————————— 52

　　敬語一覧 ———————————— 54

● わたしはだれでしょう？クイズ ———————————— 56

● 質問で答えにたどりつこう ———————————— 58

**コラム1**

ゲームには創造性・文脈力を鍛える側面もある ———————————— 60

第 **2** 章

# 親子でできる語彙力アップゲーム6選

● オリジナル四字熟語で会話 ———————————— 62

● 全力食レポ合戦！ ———————————— 64

　　食の言葉一覧 ———————————— 66

● インタビュアーになってみる ———————————— 68

● 5・7・5でトーク！ ———————————— 70

● 力を合わせて物語を作ろう！ ──────── 72

● 意味から言葉を当てるゲーム ────────── 74

コラム2

紙の辞書と電子辞書は、
それぞれのおいしいとこ取りを ──────── 76

第 **3** 章

# 本・テレビ・新聞でできる 読解力アップゲーム7選

● 音読「なりきり」合戦 ────────────── 78

● 感想発表トーク！ ───────────────── 80

● ノーミス音読対決！ ─────────────── 82

● ひといきでどこまで読めるかな？ ─────── 84

● マッハで速音読！ ───────────────── 86

● 番組のダイジェストレポート ─────────── 88

● ニュースキーワード・ベスト3 ─────────── 90

**コラム3**

マンガやアニメの優れたセリフは、
語彙力アップにも効果的 ················· 92

# 自己肯定感を育む
# 声かけ7選

●「そうそう、この文章の
　ここのたとえがすごくいいよ！」 ················· 94

●「音読センスがあるね！」 ················· 96

●「家族思いのところが、炭治郎に似てるね」 ········· 98

●「うわっ、すごい！」（笑顔で拍手） ················· 100

●「手を挙げられないのは、
　じっくり考えているからだよね」 ················· 102

●「ナイストライ！」「ナイスチャレンジ！」 ········· 104

●「今日で、150ページ超えたよ！すごいね！」 ········· 106

**コラム4**

思いのこもった言葉は、強い記憶として残る ················· 108

第 **5** 章

# 考える力を育む
# 声かけ10選

- 「例えばどんなことか、
  もう少し具体的に言ってみてくれる?」 ………… 110

- 「どうしてそうなっちゃったのか、
  教えてくれる?」 ……………………………………… 112

- 「今、思いついているものを
  全部列挙してみて」 ………………………………… 114

- 「まずは、優先順位を決めてみようか」 ………… 116

- 「どうしてこんな展開になったの?」 ………… 118

- 「もし自分が○○さんだったら、
  どうすると思う?」 ………………………………… 120

- 「この交差点、どうしたら
  安全に渡れるかな?」 ……………………………… 122

- 「ドローンを使って、
  どんなことができたらいいなと思う?」 ………… 124

- 「どうして信号は3色なんだろう?」 ………… 126

- 「もし、○○がなかったら……?」 ………… 128

**コラム5**

言葉は考える手段。
語彙力・読解力はすべての教科に必要 ……… 130

第 **6** 章

# 子どもの語彙力のために 親ができること16選

● 語彙力は「生の会話」で伸ばそう ……… 132

● ほめて笑って一緒に楽しむ ……… 133

● 語彙が爆発的に増える時期を逃さない ……… 135

● 受け答えの力を育もう ……… 136

● 親は記録係でいい ……… 137

● 語彙力の筋肉を鍛えるとしなやかになる ……… 138

● 言葉から気持ちを推し量る力を養おう ……… 139

● 語彙力を蓄えて個性を光らせる ……… 141

● 考えるクセをつけ発想力を豊かに ……… 142

● 社会人の基本は「テンシュカク」 ……… 144

● 言葉を仕入れてアウトプットしまくる ……… 145

● フィクションを使って
　世の中を疑似体験させる ………… 148

● 語彙を豊富にし、思考を深める働きかけを ……… 149

● 人の心を動かす「言葉の力」を培おう ……… 150

● 言いかえの力で
　子どもはもっと生きやすくなる ………… 152

● 語彙力は生きるための武器となる！ ……………… 153

**コラム6**
「なんちゃって社会人」にならないように
語彙力を磨こう ……………………………… 155

おわりに ………………………………………… 156

## 特典 語彙力を育む書籍・漫画一覧

● 親子で読みたい絵本 ………………… 162

● 豊富なイラストで楽しく
　読めるお話（角川つばさ文庫）………… 166

● 読解力＆文脈力が鍛えられる漫画 ……… 170

● 声に出して何度も読みたい詩 …………… 174

第 1 章

親子でできる
言葉遊び11選

# 「〜と言えば」ゲーム

昨日、自販機で
アイスコーヒーとホットコーヒーを
間違えて買っちゃってね

自販機と言えば、缶のおしるこを
飲んでみたいんだよね

---

**コツ 1** 「〜と言えば」でつなぐのは、
どんな単語でもいい。

**コツ 2** 話の中身がなくたってかまわない！
とにかく続ける！

---

例1 「ホットコーヒーと言えば、飲むならやっぱりカフェオレだよね」

例2 「間違えたと言えば、となりのポチのことをタマって呼んじゃったよ」

例3 「買ったと言えば、友だちが新しく買ったスカートがかわいかったなぁ」

---

**語彙力ポイント** ●たわいのない話を続ける「雑談力」が身につきます。

# 韻踏みワード対決

つぶあん！

答案！

図案！

コメディアン！

ドリアン！

ポメラニアン！

---

**コツ 1** 語尾が同じ言葉を、とにかくポンポン出す。

........................................................

**コツ 2** 2人とも言葉が出てこなくなったら、
別の語尾に変える。

---

例 「いきなり」→「おざなり」→「かなり」→「雷」
「支度」→「帰宅」→「選択」→「洗濯」
「気配」→「崇拝」→「後輩」→「采配」
「整頓」→「広東（かんとん）」→「布団」→「ぽっとん」
「頼り」→「何より」→「耳より」→「日和」

> **語彙力ポイント** ●日本語やカタカナ語、名詞や動詞など、すべての
> 言葉から探すため、思いつく語彙が増える。

# 同じ語尾一覧

ゲームに詰まった時は、一覧を見ながら進めてみましょう

## あん

アイアン
一案
エイリアン
小倉あん
改正案
決議案
コメディアン
思案
白あん
図案
対案
大安
たくあん
治安
つぶあん
提案
答案
ドリアン
ハワイアン
引っ込み思案
不安
平安
ベジタリアン
法案
ポメラニアン
明暗
立案

## いる

おちいる
聞き入る
気づいている
気に入る
強いる
スタイル
ファイル

## たく

委託
円卓
お宅
開拓
帰宅
魚拓
屈託
採択
座卓
支度
自宅
住宅
食卓
ぜいたく
洗濯
選択
忖度
電卓
ドアをたたく
瞬く

## とん

広東
きょとん
コットン
ごっとんごっとん
混沌
スケルトン
ストン
整頓
とことん
ニュートン
ヒューストン
布団
プランクトン
ボストン
ぽとんぽとん

## なり

いきなり
稲荷
うなり
海鳴り
おざなり
重なり
かなり
雷
生成り
地鳴り
鈴なり
すんなり
大なり小なり
連なり
隣
煮るなり焼くなり
人となり

道なり
身なり
耳鳴り
両隣

## はい

インターハイ
気配
後輩
采配
上海
勝敗
崇拝
宅配
手配
無敗
吾輩

## より

歩み寄り
遠足日和
かたより
便り
頼り
つぶより
年寄り
どんより
何より
耳より
身より
もより

# オノマトペゲーム

※オノマトペとは、声や音、あるいは状態や様子を表す言葉のこと

犬が手をペロペロ！

 遠足に行きたくて
そわそわ！

猫がニャーニャー！

 ペット飼いたくなって
きたよ……

---

**コツ 1** 「○○が（〜する）」「○○を（〜する）」など、
主語や目的語をつけて状況をイメージする。

---

**コツ 2** オリジナルのオノマトペを作ってもOK。

---

例 「炭酸水がシュワシュワ」　　　「友だちとゲラゲラ笑う」
「牛がモーモー」　　　　　　　「雨がじゃばじゃば降っている」
「ドアをコンコンとノックする」

---

**語彙力 ポイント** ●オノマトペの語彙が増えることで、
作文での表現力が豊かになります。

# オノマトペ一覧

ゲームに詰まった時は、一覧を見ながら進めてみましょう

| | | |
|---|---|---|
| あっさり | ぎらぎら | こりこり |
| いらいら | ぎりぎり | ころころ |
| うっかり | くすくす | ごろごろ |
| うろうろ | ぐずぐず | ざあざあ |
| うんざり | くたくた | さくさく |
| かーん | くちゃくちゃ | さっさと |
| がたがた | ぐっすり | さっと |
| かつかつ | ぐっと | ざっと |
| がっかり | くらくら | さっぱり |
| がやがや | くるくる | さらさら |
| からから | ぐるぐる | ざらざら |
| がらがら | くんくん | さわさわ |
| かりかり | げっそり | しくしく |
| がんがん | げらげら | しとしと |
| きちんと | こくこく | しゃきしゃき |
| ぎっしり | こそこそ | しゅーしゅー |
| きっちり | ごちゃごちゃ | じろじろ |
| きっぱり | こつこつ | すかすか |
| きょろきょろ | こっそり | すけすけ |
| きらきら | ことこと | すたすた |

| | | |
|---|---|---|
| すっかり | にやにや | ふつふつ |
| すっきり | ぬるぬる | ぶつぶつ |
| すっと | ねばねば | ふらふら |
| すらすら | のろのろ | ぶらぶら |
| ずらり | のんびり | ぶるぶる |
| ずるずる | はきはき | ぶんぶん |
| そっくり | ばきばき | ぺこぺこ |
| そっと | ばくばく | へとへと |
| そろそろ | ぱさぱさ | ぺらぺら |
| ぞろぞろ | ばたばた | ぼうっと |
| そろりそろり | ぱたぱた | ほっと |
| そわそわ | ぱちぱち | ほろほろ |
| たっぷり | はっきり | ぼろぼろ |
| だぶだぶ | ばったり | むかむか |
| たらたら | ぱっと | もくもく |
| だらだら | はらはら | もこもこ |
| ちゃんと | ばらばら | もごもご |
| つるつる | ぱらぱら | もりもり |
| どきどき | ぴかぴか | よろよろ |
| どっと | びくびく | わくわく |
| とんとん | びりびり | |
| どんどん | ふーふー | |
| にこにこ | ふっくら | |

# つづき当てゲーム

じゃあ、
続く言葉を答えてね。
四面！

楚歌！
次、いくよ。
アゼル！

バイジャン！

正解〜♪

---

**コツ1** 四字熟語やことわざ、国名など、
前後に分けられる言葉ならなんでもいい。

**コツ2** 子どもが答えに詰まった時には、
親がヒントを出す。

例「一網」「打尽」 「四方」「八方」
「コート」「ジボワール」 「急いては」「事をし損ずる」
「目の上の」「たんこぶ」

**語彙力ポイント** ●ゲームとして答えることで、より記憶が定着
します。

# 四字熟語一覧

ゲームに詰まった時は、一覧を見ながら進めてみましょう

**暗中模索**（あんちゅうもさく）…手さぐりでさがすこと

**一意専心**（いちいせんしん）…ひたすら1つのことに集中すること

**一日千秋**（いちじつせんしゅう）…1日が長く感じること

**一念発起**（いちねんほっき）…なしとげようと決心すること

**一目瞭然**（いちもくりょうぜん）…ひと目でわかること

**一蓮托生**（いちれんたくしょう）…何があっても行動をともにすること

**一気呵成**（いっきかせい）…一気にやってしまうこと

**一騎当千**（いっきとうせん）…1人で千人を相手にするくらい強いこと

**一挙両得**（いっきょりょうとく）…1度に2つを得ること

**一触即発**（いっしょくそくはつ）…すぐそこに危険がせまっていること

**一進一退**（いっしんいったい）…進んだり戻ったりすること

**一心同体**（いっしんどうたい）…心も体も1つであるかのように力を合わせること

**一世一代**（いっせいちだい）…一生に一度だけのこと

**一朝一夕**（いっちょういっせき）…わずかな時間のこと

**威風堂堂**（いふうどうどう）…威厳があってりっぱなこと

**意味深長**（いみしんちょう）…深い意味があるようす

**右往左往**（うおうさおう）…うろたえて混乱しているようす

**海千山千**（うみせんやません）…経験豊富でずるがしこいこと

**紆余曲折**（うよきょくせつ）…事情がこみいっていること

**雲散霧消**（うんさんむしょう）…あとかたもなく消えること

栄枯盛衰（えいこせいすい）…栄えたりおとろえたりすること

温故知新（おんこちしん）…過去を研究して新しい考えを得ること

快刀乱麻（かいとうらんま）…難しい問題を見事に解決すること

臥薪嘗胆（がしんしょうたん）…長い間の苦労にたえること

画竜点睛（がりょうてんせい）…物事を完成させるのに大事なこと

感慨無量（かんがいむりょう）…深く感じ入ること

勧善懲悪（かんぜんちょうあく）…良い行いをすすめ、悪い行いをこらしめること

起承転結（きしょうてんけつ）…物事の順序や組み立てのこと

旧態依然（きゅうたいいぜん）…昔のままで変わらないこと

急転直下（きゅうてんちょっか）…急に解決に向かうこと

玉石混交（ぎょくせきこんこう）…いいものと悪いものがまざっていること

空前絶後（くうぜんぜつご）…とても珍しいこと

言行一致（げんこういっち）…言葉と行動が伴っていること

古今東西（ここんとうざい）…いつでもどこでも

小春日和（こはるびより）…春のようにあたたかい初冬

五分五分（ごぶごぶ）…2つとも同じ程度であること

再三再四（さいさんさいし）…たびたび、しばしば

四角四面（しかくしめん）…とてもまじめなこと

時期尚早（じきしょうそう）…早すぎること

七転八起（しちてんはっき）…何度失敗してもくじけないこと

縦横無尽（じゅうおうむじん）…自由に動き回ること

終始一貫（しゅうしいっかん）…ずっと変わらないこと

主客転倒（しゅかくてんとう）…人の立場や順序などが逆になること

首尾一貫（しゅびいっかん）…矛盾していないこと

盛者必衰〈じょうしゃひっすい〉…勢いがよくてもいつかはおとろえること

正真正銘〈しょうしんしょうめい〉…本物であること

枝葉末節〈しようまっせつ〉…本質からずれたささいなこと

支離滅裂〈しりめつれつ〉…めちゃくちゃなこと

心機一転〈しんきいってん〉…あることをきっかけに気持ちをすっかり入れ替えること

森羅万象〈しんらばんしょう〉…この世のありとあらゆるもの

晴耕雨読〈せいこううどく〉…悠々自適〈ゆうゆうじてき〉な生活のこと

清廉潔白〈せいれんけっぱく〉…清く正しく、私利私欲〈しりしよく〉がないこと

絶体絶命〈ぜったいぜつめい〉…切羽詰まっているようす

千差万別〈せんさばんべつ〉…多くのものがそれぞれ違うこと

前人未踏〈ぜんじんみとう〉…まだ誰もやっていないこと

前途洋洋〈ぜんとようよう〉…将来が希望にみちているようす

創意工夫〈そういくふう〉…新しい方法を考え出すこと

即決即断（即断即決）〈そっけつそくだん〉…その場ですぐに決めること

大願成就〈たいがんじょうじゅ〉…大きな望みがかなうこと

大義名分〈たいぎめいぶん〉…行動するときの基準や根拠

泰然自若〈たいぜんじじゃく〉…落ちついていて動じないこと

猪突猛進〈ちょとつもうしん〉…まっすぐに突き進むこと

徹頭徹尾〈てっとうてつび〉…はじめからおわりまで

天衣無縫〈てんいむほう〉…かざりけがなく無邪気なこと

天変地異〈てんぺんちい〉…大雨や地震など自然の異変

同床異夢〈どうしょういむ〉…ともに行動していても考えはちがうこと

二者択一〈にしゃたくいつ〉…２つのうちから１つを選ぶこと

日進月歩…たえまなく進歩していること

破顔一笑…顔をほころばせて笑うこと

波乱万丈…物事の変化がはげしいこと

表裏一体…２つのものが切りはなせないこと

不即不離…つかず離れずの距離にあること

文武両道…学問と武道の両方がすぐれていること

満身創痍…体や心が傷だらけであること

三日坊主…すぐに飽きてしまって長続きしないこと

無病息災…病気をせずに健康であること

明鏡止水…静かで落ち着いた心のようす

名誉挽回…失った信用をとりかえすこと

門外不出…貴重なものを外に出さないこと

有言実行…口にしたことを実行すること

勇猛果敢…勇ましく立ち向かうこと

羊頭狗肉…外見は立派でも中身がないようす

理路整然…筋道が通っていること

老若男女…若い人からお年寄りまですべての人々

# 慣用句・ことわざ一覧

ゲームに詰まった時は、一覧を見ながら進めてみましょう

あごで使う…人に命令してやらせる

足が出る…予定よりもお金がかかる

足が棒になる…足が疲れる

油を売る…むだ話をしてなまける

板につく…経験を積んでその人に合ったものになる

腕が鳴る…腕前を披露したくてうずうずする

馬が合う…気が合う

お茶をにごす…いいかげんにごまかす

顔が利く…権力があって無理が言える

顔が広い…多くの人たちに知られている

肩で風を切る…得意げにいばっている

肩を落とす…がっかりする

気が置けない…気をゆるしている、うちとけている

木で鼻をくくる…そっけなくあしらう

肝をつぶす…突然のことにとても驚く

口が減らない…何でも言い訳をする

口車に乗せる…うまく言いくるめてだます

首を長くする…待ち焦がれている

舌を巻く…とても感心しておどろく

尻に火がつく…さしせまってあわてている

図に乗る…思い通りになってつけあがる

すねをかじる…親から経済的援助を受ける

つめに火をともす…とても節約する

手塩にかける…大切に世話をする

手も足も出ない…どうにもできない

手を焼く…もてあます

ねこをかぶる…本性をかくしておとなしそうにする

のどから手が出る…とても欲しいと思っている

鼻が高い…自慢である

鼻につく…いやみに感じられる

腹を決める…覚悟する、決心する

ひざを交える…親しく話し合う

骨を折る…苦労をいとわず力をつくす

水に流す…なかったことにする

耳が痛い…他人の言うことが自分の弱点をついていて、聞
　　　　　くのがつらくて苦しい

耳にたこができる…何度も聞かされてうんざりする

胸を借りる…上位の人に練習相手になってもらう

目が高い…物事を見分ける力がある

目から鼻へぬける…物事の理解がとても早い

目に入れても痛くない…とてもかわいがっている

目をかける…気にかける、注目する

目を皿にする…よく見るために目を大きく見開く

あとは野となれ山となれ

…今うまくいけば、あとはどうでもいい

虻蜂取らず…欲張ると失敗する

雨降って地固まる

…争いごとの後はかえってものごとがうまくいく

蟻の穴から堤もくずれる…油断すると大きな災いを招く

案ずるより産むが易し

…やってみると、心配したほど難しくはない

石の上にも三年…辛抱すればやがてうまくいく

石橋をたたいて渡る…用心の上にも用心を重ねる

急がば回れ…遠回りでも安全な道を行く方が早い

一寸の虫にも五分の魂

…小さくて弱い者でも意地は持っているので、むやみにば
　かにしてはならないたとえ

犬も歩けば棒に当たる

…思いがけない災難（幸福）に出会う

井の中の蛙大海を知らず

…狭い見識にとらわれて広い世界を知らない

魚心あれば水心

…好意をもって接すれば相手も応えてくれる

牛に引かれて善光寺詣り

…他人に誘われてよい方に導かれる

馬の耳に念仏…いくら意見をしてもまったく効き目がない

えびで鯛を釣る…少しの労力で大きな利益を得る

帯に短したすきに長し…中途半端で役に立たない

おぼれる者はわらをもつかむ

…ピンチの時にはどんなものも頼りにする

かえるの子はかえる

…子は親に似るもので、同じ道をたどる

勝ってかぶとの緒をしめよ

…勝ったとしても、油断してはいけない

かっぱの川流れ…どんな名人でも失敗することはある

果報は寝て待て…あせらずチャンスを待て

枯れ木も山のにぎわい

…取るに足りないものでも、いればにぎやかになる

かわいい子には旅をさせよ

…子どもがかわいいなら、苦しい経験をさせよ

きじも鳴かずばうたれまい

…いらぬことを言ったおかげで災いを招く

木に縁りて魚を求む

…方法を間違えると、苦労ばかりで目的を達せられない

漁夫の利…二者の争いに乗じて、第三者が利益を得る

蛍雪の功…苦労して学ぶこと

光陰矢のごとし…月日が過ぎるのは早い

紺屋の白ばかま

…人のことにかまけてばかりで、自分がおろそかになる

転ばぬ先のつえ…準備をしておけば失敗することはない

三度目の正直…二度目までは当てにならないが、三度目は
　　　　　　　　期待通りになる

三人寄れば文殊の知恵

…三人が力を合わせればよい知恵が出る

朱に交われば赤くなる…環境しだいで良くも悪くもなる

知らぬが仏…その本人だけが知らないで平気でいる

好きこそものの上手なれ

…好きなことなら努力するのでうまくなる

すずめ百まで踊り忘れず

…幼い時の習慣は年を取っても忘れない

船頭多くして船山に上る

…指示する人が多いととんでもない方向に進む

千里の道も一歩から

…大きな物事も小さなことから始まる

他山の石…他人のよくない言動でも、自分を磨く役に立つ

立つ鳥あとをにごさず

…去る者はきちんと始末をするものだ

たなからぼたもち…思いがけない幸運に出会う

ちりも積もれば山となる

…わずかでも積もり積もれば大きなものになる

# 国名一覧

ゲームに詰まった時は、一覧を見ながら進めてみましょう

アイスランド共和国

アイルランド

アゼルバイジャン共和国

アフガニスタン・イスラム
　共和国

アメリカ合衆国

アラブ首長国連邦

アルジェリア民主人民共和国

アルゼンチン共和国

アルバニア共和国

アルメニア共和国

アンゴラ共和国

アンティグア・バーブーダ

アンドラ公国

イエメン共和国

イスラエル国

イタリア共和国

イラク共和国

イラン・イスラム共和国

インド

インドネシア共和国

ウガンダ共和国

ウクライナ

ウズベキスタン共和国

ウルグアイ東方共和国

エクアドル共和国

エジプト・アラブ共和国

エストニア共和国

エスワティニ王国

エチオピア連邦民主共和国

エリトリア国

エルサルバドル共和国

オーストラリア連邦

オーストリア共和国

オマーン国

オランダ王国

ガーナ共和国

カーボヴェルデ共和国

ガイアナ共和国

カザフスタン共和国

カタール国

カナダ

ガボン共和国

カメルーン共和国

ガンビア共和国

カンボジア王国

ギニア共和国

ギニアビサウ共和国

キプロス共和国

キューバ共和国

第1章

ギリシャ共和国

キリバス共和国

キルギス共和国

グアテマラ共和国

クウェート国

クック諸島

グレート・ブリテンおよび
　北アイルランド連合王国

グレナダ

クロアチア共和国

ケニア共和国

コートジボワール共和国

コスタリカ共和国

コモロ連合

コロンビア共和国

コンゴ共和国

コンゴ民主共和国

サウジアラビア王国

サモア独立国

サントメ・プリンシペ民主
　共和国

ザンビア共和国

サンマリノ共和国

シエラレオネ共和国

ジブチ共和国

ジャマイカ

ジョージア

シリア・アラブ共和国

シンガポール共和国

ジンバブエ共和国

スイス連邦

スウェーデン王国

スーダン共和国

スペイン王国

スリナム共和国

スリランカ民主社会主義共和国

スロバキア共和国

スロベニア共和国

セーシェル共和国

セネガル共和国

セルビア共和国

セントクリストファー・
　ネーヴィス

セントビンセントおよび
　グレナディーン諸島

セントルシア

ソマリア連邦共和国

ソロモン諸島

タイ王国

タジキスタン共和国

タンザニア連合共和国

チェコ共和国

チャド共和国

チュニジア共和国

チリ共和国

ツバル

デンマーク王国

ドイツ連邦共和国

| | |
|---|---|
| トーゴ共和国 | フィジー共和国 |
| ドミニカ共和国 | フィリピン共和国 |
| ドミニカ国 | フィンランド共和国 |
| トリニダード・トバゴ共和国 | ブータン王国 |
| トルクメニスタン | ブラジル連邦共和国 |
| トルコ共和国 | フランス共和国 |
| トンガ王国 | ブルガリア共和国 |
| ナイジェリア連邦共和国 | ブルキナファソ |
| ナウル共和国 | ブルネイ・ダルサラーム国 |
| ナミビア共和国 | ブルンジ共和国 |
| ニウエ | ベトナム社会主義共和国 |
| ニカラグア共和国 | ベナン共和国 |
| ニジェール共和国 | ベネズエラ・ボリバル共和国 |
| ニュージーランド | ベラルーシ共和国 |
| ネパール | ベリーズ |
| ノルウェー王国 | ペルー共和国 |
| バーレーン王国 | ベルギー王国 |
| ハイチ共和国 | ポーランド共和国 |
| パキスタン・イスラム共和国 | ボスニア・ヘルツェゴビナ |
| バチカン市国 | ボツワナ共和国 |
| パナマ共和国 | ボリビア多民族国 |
| バヌアツ共和国 | ポルトガル共和国 |
| バハマ国 | ホンジュラス共和国 |
| パプアニューギニア独立国 | マーシャル諸島共和国 |
| パラオ共和国 | マダガスカル共和国 |
| パラグアイ共和国 | マラウイ共和国 |
| バルバドス | マリ共和国 |
| ハンガリー | マルタ共和国 |
| バングラデシュ人民共和国 | マレーシア |

ミクロネシア連邦

ミャンマー連邦共和国

メキシコ合衆国

モーリシャス共和国

モーリタニア・イスラム共
　和国

モザンビーク共和国

モナコ公国

モルディブ共和国

モルドバ共和国

モロッコ王国

モンゴル国

モンテネグロ

ヨルダン

ラオス人民民主共和国

ラトビア共和国

リトアニア共和国

リビア

リヒテンシュタイン公国

リベリア共和国

ルーマニア

ルクセンブルク大公国

ルワンダ共和国

レソト王国

レバノン共和国

ロシア連邦

# 熟語しりとり

分！

 答！

答案！

 案内！

内容！

 容器！

器用！

---

**コツ 1** 音が同じでなくても
漢字が同じならOK！

・・・・・・・・・・・・・・・・・・・・・・・・・・・・・・・・・・・

**コツ 2** 2人とも浮かばない時は、
スマホで検索する。

---

例 「相性」→「性分」→「分割」→「割合」→「合唱」→「唱歌」→「歌手」
→「手芸」→「芸能」→「能力」→「力士」

┌─────────┐
│ **語彙力**　●二字熟語の語彙が格段に増え、普段から
│ **ポイント**　　熟語に意識が向くようになります。
└─────────┘

お母さん、熟語しりとりしよ〜

えっ お母さんできるかな?

大丈夫! 私からいくね! 『独特』

特…『特上』

『上手』

『手羽』

う〜ん

えーっと…

『羽毛』

『毛蟹』

食べ物ばっかり… おなか空いてる?

バレたか

一緒におやつ食べない?

チョコ ポテト

チョコ ポテト

# 二字熟語一覧

ゲームに詰まった時は、一覧を見ながら進めてみましょう

| | | |
|---|---|---|
| 相性 | 活気 | 口論 |
| 合間 | 議題 | 国境 |
| 愛用 | 急激 | 固定 |
| 後味 | 気力 | 根気 |
| 安静 | 苦心 | 困難 |
| 異性 | 傾向 | 雑用 |
| 一面 | 形式 | 仕草 |
| 一躍 | 下旬 | 実現 |
| 一切 | 決断 | 私服 |
| 意図 | 潔白 | 自滅 |
| 糸口 | 結末 | 充実 |
| 引用 | 現状 | 重点 |
| 内気 | 好意 | 出身 |
| 裏腹 | 強引 | 上旬 |
| 横着 | 効果 | 上昇 |
| 恩人 | 口外 | 上達 |
| 外見 | 向上 | 助言 |
| 快適 | 構成 | 心外 |
| 加減 | 公平 | 心身 |
| 課題 | 交流 | 真相 |

| | | |
|---|---|---|
| 信念 | 調和 | 分担 |
| 図星 | 通知 | 保存 |
| 成熟 | 通用 | 本音 |
| 正常 | 手軽 | 本来 |
| 説得 | 的中 | 身内 |
| 善悪 | 手順 | 未知 |
| 先決 | 展開 | 無縁 |
| 戦法 | 等分 | 無断 |
| 相当 | 日夜 | 無知 |
| 底力 | 猫舌 | 有効 |
| 存分 | 年始 | 要点 |
| 題材 | 白状 | 要望 |
| 大半 | 万全 | 余白 |
| 達成 | 判定 | 理性 |
| 断言 | 万能 | 良心 |
| 断固 | 反論 | 両立 |
| 短縮 | 否定 | 例外 |
| 短所 | 皮肉 | 冷静 |
| 単独 | 批判 | 連想 |
| 知性 | 不快 | 老化 |
| 着実 | 無様 | |
| 中断 | 無難 | |
| 長所 | 無礼 | |

# 想像力で名前をつけちゃおう

このバッグは
『マダム・麗子』ね

あの雲は
『自由人』かな

この化粧品は
『八方美人』！

お母さんのこと
かな……

コッ
1
キャッチフレーズっぽくてもOK。
『赤毛のアン』のように自由に。

コッ
2
「どうしてその名前なの？」と聞いてみると、
発想が深まる。

例 「この自転車は『赤いオオカミ』」
「バラを生けたこの花瓶は『愛のたわむれ』」

「今吹いてきた風は『マッハ1』」
「このパフェは『スイートハウス』」
「あの山は『田中一郎』」

語彙力
ポイント
●発想力と想像力が育まれ、
イメージを言語化する力がつきます。

第1章　親子でできる言葉遊び 11 選　　45

# カタカナ語・日本語言いかえ選手権

『レンジでチン』を日本語にすると？

うーん、『あたためお知らせ音』かな。
じゃあ、『焼肉』をカタカナ語で言うと？

『バーニングミート』！

コツ**1** 問題は、カタカナ語→日本語、日本語→カタカナ語
どちらでもいい。

コツ**2** 正しい言いかえではなく、
でたらめでおもしろい言いかえに！

例 「時計」は「タイム・チックタック」
「ボルダリング」は「壁の石登り」
「アイスクリーム」は「冷え冷え甘菓子」
「宿題」は「テイクアウト・ドリル」
「週刊誌」は「ゴシップ・ブック」

語彙力
ポイント ●別の言葉で言いかえるために、候補の言葉をた
くさん思い浮かべるので、語彙が増えます。

# 修飾語ゲーム

※修飾語とは、文の中で「どんな」「何を」「どのように」「どこで」などほかの部分の内容を
　くわしく説明する部分のこと

『テーブル』の修飾語を言っていこう。
黒いテーブル！

ぼくがだいすきなテーブル！

使いやすいテーブル！

コツ **1** 「〜い」も「〜の」もOK！
思いつくままどんどん言っていきましょう。

コツ **2** 子どもが答えに詰まったら、
「形とか？」とヒントを出します。

例1 「リビングにあるテーブ
ル」
「まるいテーブル」
「ご飯を食べるテーブル」

例2 「背の高い木」
「葉っぱが全部散ってしまった
木」
「卒業記念の木」

**語彙力
ポイント** ●物事を形容する語彙が増え、
表現力が豊かになります。

48

# 修飾語一覧

ゲームに詰まった時は、一覧を見ながら進めてみましょう

| | | |
|---|---|---|
| 愛らしい | うらやましい | 軽い |
| 明るい | うるさい | かわいい |
| 浅い | うるわしい | ぎこちない |
| あたたかい | うれしい | きびしい |
| 新しい | えらい | 清い |
| 熱い | 多い | 興味深い |
| あどけない | 大きい | きれい |
| 危ない | おかしい | くだらない |
| あやしい | 幼い | くやしい |
| 粗い | おしい | 暗い |
| 淡い | 遅い | 苦しい |
| あわただしい | おとなしい | くわしい |
| いさぎよい | おびただしい | 心強い |
| いさましい | 重い | 心細い |
| いじらしい | おもしろい | 心もとない |
| 忙しい | 輝かしい | 好ましい |
| いとおしい | かしこい | 細かい |
| うしろめたい | かたい | 怖い |
| うすい | かたくるしい | さびしい |
| 美しい | 我慢強い | 寒い |

親しい
しぶい
すがすがしい
少ない
涼しい
すばやい
すばらしい
するどい
切ない
狭い
高い
正しい
楽しい
頼もしい
頼りない
たわいない
小さい
近い
注意深い
つたない
つつしみぶかい
つつましい
つまらない

冷たい
強い
手厚い
尊い
遠い
とんでもない
長い
なごりおしい
懐かしい
憎い
眠い
望ましい
はかない
はげしい
恥ずかしい
早い
低い
等しい
広い
深い
ふさわしい
太い
古い

ほこらしい
細い
ほほえましい
まぶしい
短い
みずみずしい
蒸し暑い
難しい
珍しい
めでたい
物足りない
優しい
安い
ややこしい
ゆるい
よそよそしい
喜ばしい
りりしい
若い
わざとらしい

# お上品敬語ゲーム

おやつに召し上がりたいものは、
おありでしょうか？

ええ、チョコアイスを
いただきたいと存じます

コツ **1** 正しい敬語でなくても、
「敬語っぽい」言葉でもＯＫ。

コツ **2** 口調も上品っぽくしてみると、盛り上がる。

例 「宿題はもうお済みになったのでしょうか？」
「ハンバーグが美味でございましたので、おかわりはいただけます
でしょうか？」
「YouTube を拝見したいですね。よろしいでしょうか？」
「靴下の片方が見当たらないのですが、ご存じありませんか？」
「お皿はご自身でキッチンにお持ちくださいませ」

| 語彙力ポイント | ●敬語を使うことで丁寧な言葉遣いのストックが増え、他者とのコミュニケーションに役立ちます。 |
| --- | --- |

# 敬語一覧

ゲームに詰まった時は、一覧を見ながら進めてみましょう

| 動詞 | 尊敬語 | 謙譲語 | 丁寧語 |
|------|--------|--------|--------|
| 会う | お会いになる<br>会われる | お目にかかる | 会います |
| あげる | 賜る<br>くださる | 差し上げる | あげます |
| 与える | くださる<br>お与えになる | 差し上げる | 与えます |
| 言う | おっしゃる<br>言われる<br>仰せになる | 申す<br>申し上げる | 言います |
| 行く | いらっしゃる<br>おいでになる | 参る<br>うかがう | 行きます |
| いる | いらっしゃる | おる | います |
| 受け取る | お受け取りになる<br>お納めになる | 拝受する<br>賜る | 受け取ります |
| 思う | お思いになる | 存じる | 思います |
| 買う | お買い上げになる<br>ご購入になる | 買わせていただく | 買います |
| 帰る | お帰りになる<br>帰られる | おいとまする | 失礼します<br>帰ります |
| 考える | お考えになる<br>ご高察なさる | 考えておる<br>拝察する | 考えます |
| 聞かせる | お聞かせになる | お耳に入れる | 聞かせます |
| 聞く | お耳に入る | うかがう<br>拝聴する | 聞きます |

| | | | |
|---|---|---|---|
| **来る** | いらっしゃる<br>おいでになる<br>お見えになる<br>お越しになる | 参る | 来ます |
| **死ぬ** | 亡くなる<br>お亡くなりになる<br>逝去する | 他界する<br>永眠する | 死去する |
| **知る** | お知りになる<br>ご存じ | 存じ上げる<br>承知する | 知っています |
| **する** | なさる<br>される | いたす<br>させていただく | します |
| **座る** | おかけになる | 座らせていただく | 座ります |
| **訪ねる** | お訪ねになる<br>訪ねられる | お訪ねする<br>うかがう<br>参上する<br>お邪魔する | 訪ねます |
| **食べる** | 召し上がる<br>お食べになる | いただく<br>頂戴する | 食べます |
| **伝える** | お伝えになる | 申し伝える | 伝えます |
| **待つ** | お待ちになる | お待ちする | 待ちます |
| **見せる** | お見せになる | お見せする<br>お目にかける<br>ご覧にいれる | 見せます |
| **見る** | ご覧になる | 拝見する<br>見せていただく | 見ます |
| **もらう** | お受け取りになる<br>お納めになる | いただく<br>頂戴する | もらいます |
| **読む** | お読みになる | 拝読する | 読みます |
| **わかる** | おわかりになる<br>ご理解いただく | かしこまる<br>承知する | わかります |

# わたしはだれでしょう？クイズ

「①わたしは暗いところが好きです」
「②わたしにはつばさがあります」
「③わたしはさかさまになるのが
好きです」。
さて、わたしはだれでしょう？

うーん……、こうもり！

---

**コツ 1** 答えになるものの特徴を3つにしぼる。

---

**コツ 2** ①から③に向けて、具体性を強めていく

---

例1
①わたしは丸い形をしています。
②わたしの体は白と黒です。
③わたしはよく足で蹴られます。
（答えはサッカーボール）

例2
①わたしはお正月に活躍します。
②わたしをもらった人は喜びます。
③わたしはポチ袋に入っています。

（答えはお年玉）

---

**語彙力 ポイント** ●物ごとの特徴を抽象的・具体的につかむ力が
つきます。

# 質問で答えにたどりつこう

それは、家の中にありますか？

 はい

それは、大きいものですか？

 はい

それは、重いものですか？

 いいえ

（答えはカーテン）

**コツ 1** 子どもが必ず知っているものを答えにする。

**コツ 2** なかなか答えにたどりつかない場合は、
ジェスチャーでヒントを出す。

①「それは、手に持てるもの
ですか？」
「いいえ」
②「それは、大人が持ってい
ますか？」
「はい」

③「それは、外にありますか？」
「はい」
④「それは、ウチにもありま
すか？」
「はい」

（答えは車）

**語彙力
ポイント** ●サイズ、色、形、重さなど、物事をあらゆる側面か
ら表現する力が育まれます。

58

# ゲームには創造性・文脈力を
# 鍛える側面もある

　本章で紹介したのは言葉のゲームですが、今の子どもたちの多くは、テレビゲームやスマホゲームに夢中になっていることでしょう。

　あまりに長時間ゲームをしていると、視力や姿勢などに影響するので心配ですが、ゲームをすること自体が悪いとは思いません。**むしろ、ゲームによっていい影響を受けることもあります。**

　今のゲームは、キャラクターの数が多く、複雑なストーリー設定がされています。**キャラクターたちの特徴や関係性を把握し、ストーリー展開を追い、その中で最適な選択をしてゲームを進めていくというのは、創造性を鍛えることにもつながります。**

　途中でミスをしてしまったら、「あの時、あそこで○○をしなければ、こっちに行けたのに」とミスの原因となるところまで戻って考えます。これは、**文脈力の強化にもつながるでしょう。**

　また、**ゲーム空間の隅々にまで目を配ることで、空間認識力が高まる**という指摘もあります。

　ここ数年、ゲームをスポーツ競技としてとらえる「eスポーツ」が話題になっています。競技人口は数億人ともいわれ、オリンピック種目にという動きも出てきています。子どもが夢中になっているものを禁止するのは難しいと思うので、ゲームのいい面を知っておくのもいいのではないでしょうか。

第 **2** 章

# 親子でできる語彙力 アップゲーム6選

# オリジナル四字熟語で会話

今日のご飯は野菜三昧！

え〜っ、それじゃあ満腹無理だよー

健康重視のレシピにするね

**ルール 1** 実際にある四字熟語は使わない。

**ルール 2** 漢字四字にできるなら、どんな言葉でもいい。

**！うまくいかないときは…** 二字熟語もOKにする！

例 宿題疲労　給食美味　部屋散々　趣味買物　朝食和食

**語彙力 ポイント** ●言いたいことを熟語に変換する力が つきます。

# 全力食レポ合戦！

このオムライス、ケチャップの酸味と
卵のあまみが絶妙だね〜

おっ、秀逸なコメント！
たしかに、卵がとろとろ！

---

**ルール 1** 食に関する言葉を1つは入れる。

....

**ルール 2** オノマトペだけでもOK。

 **うまくいかないときは…** 次のページの一覧から言葉を探す。

---

例 「パリパリの皮とジューシーな具が絶妙だよ」
「スパイシーさが利いてるね」
「あとを引くおいしさだ」
「この複雑な味つけがポイント」
「おいしくて頬っぺたがおちそう！」

> **語彙力ポイント** ●感想を伝える語彙のバリエーションが
> 身につきます。

# 食の言葉一覧

ゲームに詰まった時は、一覧を見ながら進めてみましょう

| | |
|---|---|
| アツアツ | カリッ |
| あっさり | 柑橘系<br><small>かんきつ</small> |
| 厚みがある | 季節を感じる |
| あとを引くおいしさ | きりっとした味 |
| あまい | キンキンに冷えている |
| 甘辛い | 臭みがない |
| あまじょっぱい | くせになる |
| 甘酸っぱい<br><small>あまず</small> | クリーミー |
| 活きがいい | 香ばしい |
| インパクトがある | コクがある |
| 薄味 | 個性的 |
| うまい | ごはんが進む |
| うまみが閉じ込められて | こりこり |
| いる | さばきたて |
| 海の香りがする | 冷めてもおいしい |
| オーソドックスな味 | さわやかな酸味 |
| おもしろい組み合わせ | 塩辛い |
| 噛みごたえがある | 舌触り |
| 噛むほどにおいしい | しつこくない |
| 辛い | しっとりした舌触り |

シャキシャキ

シャキッ

ジューシーな肉汁

シュワシュワ

食材をいかしあう

食欲がそそられる

新鮮な

すっきりした

すっぱい

スパイシー

スモーキーな香り

絶妙な甘さ

素材の良さをいかした

素朴な味

弾力がある

つい手が伸びる

つるつる

手作りならではのよさ

なめらか

苦みが利いている

肉々しい

ねっとり

濃厚

飲みやすい

パリッ

パンチがある

複雑な味

ぷりぷり

フルーティー

ふわふわ

ヘルシーな

ほくほく

ほっこりする

ほっとする味

ボリューミー

ほろ苦い

マイルド

まったり

まろやか

みずみずしい

ミルキー

目でも楽しませてくれる

もっちり

優しい

やわらかい

# インタビュアーになってみる

子どもの頃の夢は何ですか？

えーっと、
小学生の時はパイロットになりたいと
思っていました

 子どもがインタビュアー、
**ルール 1** 親がインタビュイー（答える側）になる。

 どんな質問も、はぐらかさずに答える。
**ルール 2**

**！うまくいかないときは…** 親の方から聞いてほしいことを挙げる。

例 「初恋はいつですか？」
「得意な科目は何でしたか？」
「どうしてお父さん（お母さん）と結婚したんですか？」
「もし宝くじが当たったら、何が欲しいですか？」
「どこか、住んでみたい場所はありますか？」

| 語彙力 ポイント | ●不明な点や疑問点を追究する 質問力が身につきます。 |
|---|---|

# 5・7・5でトーク！

今日の夜　たこ焼きパーティー
しようかな

大賛成！　チーズもチョコも
入れちゃおう！

**ルール1** 会話をすべて5・7・5にする。

**ルール2** 字余り・字足らずでもよしとする。

**！うまくいかないときは…** 親の方から「どうしたの（5文字）」と問いかけてみる。

例 「明日から　雨になるから　気をつけて」
「寝坊した！　はやく行かなきゃ　遅刻する！」
「お隣さん　旅行のお土産　もってきた」
「宿題は　おやつ食べたら　やるつもり」
「学校で　一番楽しい　休み時間」

**語彙力ポイント** ●日本語のリズムと
言葉選びのセンスが養われます。

# 力を合わせて物語を作ろう！

その店は、
なぜかトマトだけを売っていた

でも、その町の人々は
トマトが食べられなかった

---

**ルール1** 一文ずつ、交互につなげて
オリジナルな物語を作る。

**ルール2** ストーリーが行き詰まったら、
新しい物語に変える。

**❗️うまくいかないときは…** 子どものアイデアが微妙でも、強引に話を引き
継いでいく。

---

例（はじめの一文）「朝、目が覚めると、牛になっていた」
「長いトンネルを抜けると、そこはインドだった」
「まさか、君があの時助けてくれた人だったなんて……」
「吾輩はパンダである」
「あの人に会ったのは、ちょうど一年前の今日だった」

**語彙力ポイント** ●物語を生み出す創造力と、
文脈を理解する力が身につきます。

朝、目が覚めると牛になっていた

搾りたての牛乳が飲みたい気分だ

しかし自分ではうまく搾れない

試行錯誤するうちに牛は疲れてしまった

疲れて余計のどが渇いたやはり牛乳が飲みたい!

悩みに悩んで牛はコンビニに行った

あはは

牛は電子マネーで無事に牛乳を購入しました!

めでたしめでたし

また変な話になっちゃった〜

# 意味から言葉を当てるゲーム

じゃあ、『決まった長さ・期間などを
のばすこと』の意味の言葉は？

えーっと……、『延長』！

**ルール 1** 辞書を開いて意味を読み上げ、
子どもがその言葉を当てる。

**ルール 2** 辞書は、紙でも電子でもスマホでもいい。

❗ **うまくいかないときは…** まわりを見わたして、目に入った言葉を問題に
する。

例 「食卓に出す料理の種類・組み合わせ」→「献立（こんだて）」
「いつも寝泊まりしている場所以外のところに泊まること」
　→「外泊」
「寝たまま体の向きを変えること」→「寝がえり」
「あどけなくてかわいいこと」→「無邪気」
「何かしようと思い立ったときの、ひたむきな気持ち」→「初心」

**語彙力 ポイント** ●言葉の正しい意味を知り、言葉と意味を
セットで覚えるようになります。

規定の労働時間以降も残って仕事をすることは？

残業！

はいっ！

じゃあ地位や職務、勤務地が変わることは？

答え『人事異動』

え〜？わかんない

企業などで管理・監督に当たる人は？

子どもがわかる言葉にしてよ〜

え〜

管理職？

正解！

すごっ

# 紙の辞書と電子辞書は、
# それぞれのおいしいとこ取りを

「紙の辞書と電子辞書、子どもにはどちらがいいですか？」と聞かれることがよくあります。**理想としては、両方持っているといいと思います。**

**紙の辞書は、家に1冊置いておいて、何かの時に開いて調べるという習慣をつけるといいでしょう。**重さを感じながら調べたことは、身体に刻み込まれる感覚があります。

紙の辞書の中には、小学生向けの辞書があります。意味がわかりやすいのでおすすめです。付せんをはって印象に残るようにするのもいいやり方です。

また、「右ページの上段に書いてあったな」という形で記憶に残りやすいのは紙の辞書の特徴です。

**電子辞書に関しては、情報量の多さが段違いです。**一語検索すれば、何冊もの辞書や事典などから説明を抽出してくれます。言葉の多義性を学ぶのにもいいでしょう。

私は、もちろん辞書も数冊持っていますが、日常的に使うのは専ら電子辞書です。ジャンプ機能を使って、いもづる式に調べることもできます。ただし、言葉の意味をスマホで「ググる」のには注意が必要です。インターネットの中の情報は玉石混交なので、信頼のおける辞書を元にしているかどうかをきちんと判断しましょう。

第 3 章

本・テレビ・新聞で
できる読解力
アップゲーム7選

# 音読「なりきり」合戦

だからさ、西洋料理店というのは、ぼくの考えるところでは、西洋料理を、来た人にたべさせるのではなくて、来た人を西洋料理にして、食べてやる家とこういうことなんだ

これは、その、つ、つ、つ、つまり、ぼ、ぼ、ぼくらが……

出典：宮沢賢治『注文の多い料理店』

**ルール 1** 感情を込めて、一行ずつ親子で交互に音読する。

**ルール 2** 会話文だけでなく、地の文にも感情を入れる。

**❗うまくいかないときは…** 親が、あえてやりすぎくらいにオーバーに読んでみましょう。

**例**「そのとたんでございます」「今までなんともなかった蜘蛛の糸が、急に犍陀多のぶら下がっているところから、ぷつりと音を立ててきれました」
出典：芥川龍之介『蜘蛛の糸』

| 語彙力ポイント | ●ストーリーに没入することで、人物の感情や場面状況の理解が深まります。 |

78

# 感想発表トーク！

ごんは、どうして兵十（ひょうじゅう）に
イタズラしたんだと思う？

なんかさ、かまってほしかったんじゃ
ないのかなぁ

---

ルール **1** 絵本や物語を読みながら（読んだ後）、
登場人物の気持ちなどを子どもに聞く。

ルール **2** 子どもが意見を言った後で、親も意見を言う。

**❶ うまくいかないときは…** 親の方から「こう思うんだけど、どう思う？」と
聞いてみましょう。

---

例 「どうして母ぎつねは『にんげんはこわい』って言ったのかな？」
「何か、いやなことをされたのかもしれないよね」

「どうしてかぐや姫は、男の人に無理なお願いをしたんだろう？」
「うーん、すごい人を選びたかったからかなあ」

**語彙力ポイント** ●読解力と心情理解が深まり、人の意見と自分の
意見を重ね合わせて考えるようになります。

# ノーミス音読対決！

『親譲りの無鉄砲で子供の時から損ばかりした』……あっ、間違えた！

『親譲りの無鉄砲で子供の時から損ばかりして居る。小学校に居る時分学校の二階から飛び降りて』……

出典：夏目漱石『坊っちゃん』

**ルール1** つっかえるまで音読を進める。

**ルール2** つっかえたら、つっかえた文のはじめから次の人が読む。

**！うまくいかないときは…** ゆっくり読んだり、子どもが読みにくいところは助け船を出したりしましょう。

例 「メロスは激怒した。」出典：太宰治『走れメロス』

「ある日の事でございます。御釈迦様は極楽の蓮池のふちを、独りでぶらぶら御歩きになっていらっしゃいました。」
出典：芥川龍之介『蜘蛛の糸』

「どっどど どどうど どどうど どどう、青いくるみも吹きとばせ すっぱいかりんもふきとばせ」出典：宮沢賢治『風の又三郎』

**語彙力ポイント** ●緊張感をもって読むことで、言葉を正しく読み取る力がつきます。

どっちがノーミスで長く読めるか競争しない？

いいけど負けないよ～！

メロスは激怒した。必ず、かの邪智暴びゃ…　あっ

そこまで！今度は私ね！

メロスは激怒した。必ず、かの邪智暴虐の王を除かなければならぬと決意した。メロスには政治がわからぬ。メロスは、村の牧人である。笛を吹き、羊と遊んで暮して来た。けれども邪悪に対しては、人一倍に敏感であった。きょう未明メロスは村を出発し、野を越え山越え、十里はなれた此のシラクスの市にやって来た。メロスには父も、母も無い。女房も無い。十六の、内気な妹と二人暮しだ。この妹は、村の或る律気な一牧人を、近々、花婿として迎える事になっていた。

スラ　スラ　スラ

！？

天才…？

実はずっと特訓してたの！

ふーっ

# ひといきでどこまで読めるかな？

（大きく息を吸って）
『親譲りの無鉄砲で子供の時から』
……ううっ

（大きく息を吸って）
『損ばかりしている。小学校にいる時分
学校の二階から飛び降りて』……はぁ！

出典：夏目漱石『坊っちゃん』

ひといきで音読し、息が切れたら、切れたところ
から次の人がまたひといきで読む。

文が途切れないように、
次の人はすぐに読み継ぐようにする。

**! うまくいかないときは…** 休憩しながら、仕切り直してスタートしましょう。

例「雨ニモマケズ　風ニモマケズ　雪ニモ夏ノ暑サニモマケヌ
丈夫ナカラダヲモチ　慾ハナク　決シテ瞋ラズ　イツモシズカニ
ワラッテイル」
出典：宮沢賢治『雨ニモマケズ』

**語彙力
ポイント** ●音読は、やればやるだけうまくなります。目ですばやく言葉を追いながら読めるようになります。

第3章

# マッハで速音読！

用意、スタート！

寿限無寿限無、五劫のすりきれ、
海砂利水魚の水行末、雲来末、風来末、
食う寝るところに住むところ、……

出典：『寿限無』

---

**ルール 1** 『外郎売』や『寿限無』などを間違えずに音読し、タイムをはかる。

---

**ルール 2** タイムをつけておいて、回数を重ねるごとに速く読めるようにする。

---

**❗ うまくいかないときは…** 長い文章を読むのが難しい時は、早口言葉からはじめてみてもいいでしょう。

---

**例** 「拙者親方と申すは、お立ち合いの中にご存知のお方もござりましょうが、お江戸を発って二十里上方、相州小田原、一色町をお過ぎなされて、青物町を登りへお出でなさるれば、……」
出典：『外郎売』

---

| 語彙力ポイント | ●速く正しく読もうとすると頭がしっかりと働き、言葉を確実につかむ力がつきます。 |
| --- | --- |

86

# 番組のダイジェストレポート

さっき見てたアニメ、どんな話だった？

コナンがキッドをつかまえようと
したんだけど逃げられて、その後、
船の上で対決したんだよ

**ルール 1** 筋を知っていても言わずに、子どもに聞く。

**ルール 2** 内容が不十分な時は、「それで？」と先を促す。

❗ **うまくいかないときは…** 「いつ・どこで・誰が・どうした」を聞いてみ
ましょう。

例 「白血球が細菌と戦って、最初は負けそうだったんだけど……」
「アンパンマンがパトロールに出ると、ばいきんまんが悪さをし
ていて……」
「のび太がテストの点数のことでお母さんにしかられていて、ド
ラえもんに相談したら……」

**語彙力 ポイント** ●文脈を追う力と、物語を要約する力が
つきます。

# ニュースキーワード・ベスト 3

こども家庭庁ってどんなの？
キーワードを3つ入れて教えて

内閣府にできるもので、
子どもにかかわる政策をやるんだって。
こども基本法っていうのが
もとになるみたいだよ

**ルール1** 全国紙や子ども新聞、スマホのニュースを見て、
子どもがニュースの概要を説明する。

**ルール2** 説明のために、
3つのキーワードを選んでもらう。

❗ **うまくいかないときは…** 3つのキーワードだけでもOK。「それってこういうことかな？」と親子で一緒に考えましょう。

例 「少子化って？」→「合計特殊出生率」「人口減少」「働く世代」
「フェアトレードって？」→「正しい働き方」「途上国」「インドネシア」
「電動キックボードって？」→「運転免許」「16歳」「車道」
「インフルエンザって？」→「A型・B型」「ウイルス」「流行」

**語彙力ポイント** ●要点をつかむ力と、要点をつなげて
説明する文章構成力が身につきます。

# マンガやアニメの優れたセリフは、語彙力アップにも効果的

　ゲーム同様、親にとって悩ましいのは、子どもがマンガやアニメに夢中になりすぎることではないでしょうか。私自身、マンガも読みますし、アニメも見ます。**マンガやアニメのいいところは、会話が生き生きしているところです。**登場人物たちが、感情を凝縮した渾身(こんしん)の言葉を発することで、そのセリフが「名言」として知られることもあります。

　有名なのが、『ONE PIECE』の主人公・ルフィのこの言葉。

「海賊王におれはなる！！！」

　故郷の村をたった1人で出たルフィの言葉は、自身の決意と覚悟の表れであるとともに、作品全体を貫くスローガンにもなっています。「おれは海賊王になる」ではなく、「海賊王におれはなる」とあえて目的語を前に持ってくることで、目標＝海賊王への強い気持ちが伝わってきます。

　また、『鬼滅の刃』で、主人公・炭治郎(たんじろう)の妹・禰豆子(ねずこ)を殺そうとした冨岡義勇(とみおかぎゆう)が炭治郎に言った言葉。

「生殺与奪(せいさつよだつ)の権を他人に握らせるな！！」

「生殺与奪」とは、生かすも殺すも与えるも奪うも思いのままという意味で、妹を守りたいなら卑屈にならずに戦えという思いが込められています。

　セリフは印象に残り、優れた言葉もたくさんあります。**親子で名言探しをするのもいいでしょう。**

第 **4** 章

# 自己肯定感を育む
# 声かけ7選

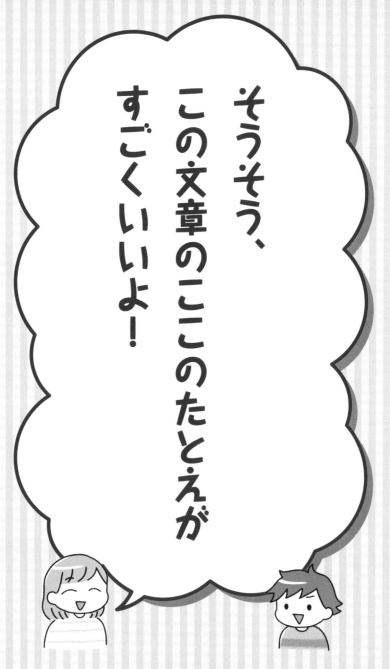

## できていることを、ピンポイントで 具体的に指摘してほめましょう

　子どもをほめる時にお勧めしたいのは「That is it！」方式。直訳すると「これがそれ」、要は「それがいいんだよ！」という意味です。

　作文にしても問題集にしても、すべてがよくできることはそうそうありません。親は、つい「できていないこと」に目を向けてしまいがちなのですが、そうではなく、子どもがやったことの中から「できているもの」を抽出するのです。「それだよ、それそれ！」という感じで、「○○がすごくいいよ！」とピンポイントで具体的にほめてあげてください。

　作文なら、いい一文を挙げてほめる。問題集なら、正解した問題をほめる。他の子と比べてほめるのではなく、その子の中のベストをほめるのです。**子どもの中に「いいよ！」「いいね！」が積み重なると、自己肯定感が上がります。**

　そして、「ここがいい」「これができるのはすごい」とほめられると、何がよくて何がよくないかの"基準"がわかります。基準がわかるとベースの力が上がり、自然と上達するのです。

具体的でなくても、感覚的にほめると子どもは勇気がわいてくる

　前項ではピンポイントでほめることをお勧めしましたが、いつもそう言えるわけではありません。子どもには得意不得意がありますし、親から見てどこをどうほめていいかわからないこともあるでしょう。

　例えば、子どもが音読で読み間違えたりつまずいたりしてしまったとしたら、「上手だね」とほめることは難しいですよね。そんな時には「間違えちゃったけど、音読センスはあるね！」と言います。**センス、感覚がいいとほめられると、悪い気分はしません**。ぼんやりとした感じで自己肯定感は上がります。

　「センス」のほかに、「素質があるね」「ポテンシャルがあるよ」と言うのもいいでしょう。**上手・下手、100点・0点とは違う評価軸、つまり感覚的な評価軸も持っておくといいのです**。曖昧なほめ方ではありますが、何となくうれしくなり、何となく勇気がわいてくるのです。どう勇気づけてあげたらいいかわからず、口をつぐんでしまうような時は、センス、感覚、素質をほめてあげてください。

> 子どもの憧れの対象や、いいイメージを持っている人に例える

あなたの子どもが好きな人や憧れている人は、誰でしょう。アニメの登場人物やスポーツ選手、芸能人など、誰でもかまいません。**その人と子どもの共通点を見つけて、ここが「○○さんに似てるね」と言うと、ただほめるよりも子どもの自己肯定感が上がります。**

子どもは、自分のいいところをうまく言語化できません。足が速い、歌がうまい、テストの点数がいいといった、明確に秀でている部分であればわかりやすいのですが、みんながみんなそうとは限りません。

だからこそ、親がいいところを見いだして、憧れのあの人みたいだねと子どもがイメージできるように伝えてあげてほしいのです。

**憧れの人と自分に共通点があるとわかれば、自信がつきます。**そして、その部分をもっと伸ばそうと努力します。長所がどんどん伸びていけば、周りにも伝わって、友だちとの関係もよりよくなっていくことでしょう。

「驚き＋笑顔＋拍手」が基本。リアクションすること自体がほめること

「うわっ、すごい！」だけで子どもが喜ぶなんて……と思うかもしれません。もちろん、「すごい」と言うだけではダメです。**大事なのはリアクションすること。うれしそうにびっくりして、思いっきり拍手するのです。**

もし、「そのコメント、鋭いね」「前回からの伸びが、いちじるしいよ」とちょっと具体性のある言い方ができれば、それも付け加えてください。

驚きのバリエーションとしては、「そんなことできるなんてびっくりした」「そんなこと、初めて知ったよ」「え？　どうやってやるの？　もう一回やってみて」など、興味関心を言葉にするといいでしょう。

**親が子どもとコミュニケーションする時の基本は、リアクションです。**リアクションはネグレクト（無視、怠慢、放棄）の反意語と言ってもいいと思います。子どもの言うことややることの、1つ1つに反応をする。それだけで子どもは安心しますし、モチベーションが上がるのです。

第4章

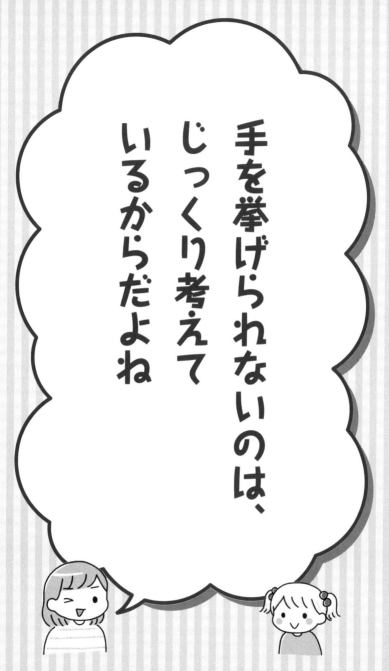

手を挙げられないのは、
じっくり考えて
いるからだよね

## ネガティブワードが出たら、ポジティブワードに変換する

　子どもは、大人ほど広い社会を知りません。人間関係が限定的なので、**友だちと自分を比べてしまうのは自然なことです**。誰々よりテストができなかった、自分だけ授業で手を挙げられなかったなど、落ち込むこともあるでしょう。

　子どもが授業で手を挙げられないことに悩んでいたら、「思い切って手を挙げてみようよ！」と励ますのではなく、**手を挙げられないというネガティブさをポジティブにとらえ直してあげるのです**。

「手を挙げられないのは、『この答えでいいのかな』ってじっくり考えているからだよね。自分の考えを慎重に確かめるのはいいことだと思うよ」と、「消極的」を「慎重」と言いかえるだけでも、子どもの自己肯定感が上がります。そして、**「慎重」なのはいいところだから、そこから「積極的」になるにはどうしたらいいかな？**　と話し合ってみましょう。大ざっぱな性格なら「おおらか」、努力の成果が出ない子には「大器晩成型」と、親の語彙も増やすのです。

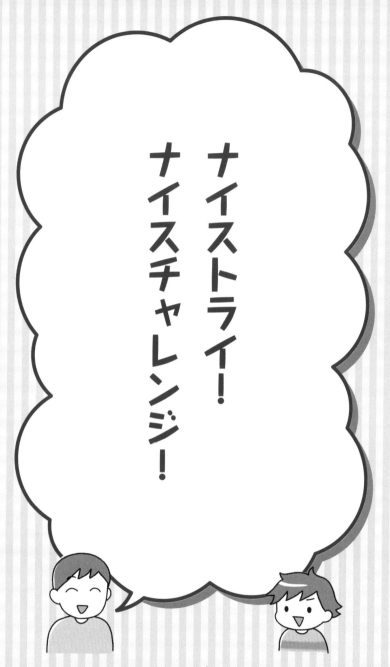

> チャレンジへの勇気と循環が生まれる「ナイス」なほめ方を

　どんなに小さなことでも、初めてのことにチャレンジしたら、結果はどうあれそのチャレンジを思いっきりほめましょう。**トライやチャレンジが重要なので、「ナイストライ！」「ナイスチャレンジ！」と言って、やりすぎくらいのアクションでほめたたえます。**子どもは「オーバーだよ」と笑うかもしれませんが、次のチャレンジへの自信が生まれます。

　自己肯定感が上がるだけでなく、**チャレンジの循環が大事。**子どもの中でチャレンジが特別なことではなく、チャレンジがベースになるのが目的です。結果として失敗であってもかまいません。失敗しても「ナイスチャレンジ！」。前回と比べて少しでもよくなったことがあれば、**「○○は前よりよくなったね」**と、**“自己ベスト更新”した点を伝えてあげてください。**私は、大学の授業で学生たちにムチャブリのような課題を出すことがありますが、学生の発表がどんな内容でも、そのチャレンジに敬意を表してオーバーアクションでほめています。そのおかげで授業が活気づいています。

第4章

**親は子どもの記録係。累積の記録なら、必ず数字は増えていく**

　勉強にしても課題にしても、何をどこまでやったかを子どもに書かせようとすると、それだけで負担になってしまいます。**親が「記録係」をかって出ると、親子でがんばっている感じが出ますし、子どもも励みになります。**

「読書ノート」「バッティングノート」など、テーマ別にノートを作って記録するといいでしょう。バッティングやリフティング、テニスの素振りなどの場合、「何回続けられたか」を記録しがちですが、それはお勧めできません。前日より数が減ったことを突きつけられると、モチベーションが下がるからです。失敗してもつまずいても「今日、どれだけやったか」を記録すれば、毎日必ず数が増えていきます。**連続の数ではなく、累積の数を記録することで、子どもの達成感は増していくのです。**

　ほかに「夢ノート」を作ってみてもいいでしょう。子どもの夢は刻々と変化していきます。**子どもが夢を話してくれたら、日付とともにノートに書いておけば、子どもの成長の記録にもなります。**

第4章

# 思いのこもった言葉は、
# 強い記憶として残る

　私はこれまで、言葉によって勇気づけられたり、言葉によって励まされたりすることが何度もありました。

　小学生の時の記憶としてハッキリとあるのは、クラスで遠足に行くバスの中での出来事です。私は、普段からクラスでもよくしゃべる方で、何かあると率先して仕切ったりしていました。それが、遠足に行く日の朝、母親が体調を崩して緊急入院したことで、気持ちが動揺していました。母が「遠足には行っておいで」と言ったので学校に向かい、みんなとバスに乗りましたが、そのことを誰に言うでもなく、座席に座っていました。

　何も知らない友だちは普通に話しかけてきますし、私もいつも通りに答えていました。ですが、担任の先生は私がいつもと違うと気づいたようで、さりげなく近づいてきて「齋藤くん、元気ないみたいだけど、大丈夫？」と聞きました。私が母のことを伝えると、先生は「そうだったんだ、それは心配だよね」と寄り添うように聞いてくれました。何も言わなくても先生が察してくれたこと、「心配だよね」と共感してくれたこと。それがどれだけ心強かったことか。**思いのこもった言葉は勇気をくれると実感しました。**今子どもにかけている１つ１つの言葉が、いい思い出として、一生残るかもしれません。

第5章

考える力を育む
声かけ10選

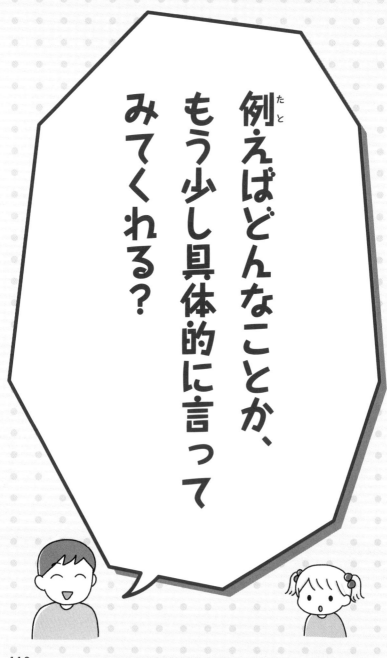

## 感情に輪郭をつけるために、「例えば」と問いかけましょう

　ここ数年、「ヤバい」がいい意味でも悪い意味でも使われるようになりました。言葉は時代や社会の移り変わりとともに変化していくものですが、**おいしい時も「ヤバい」、遅刻しそうな時も「ヤバい」では、感情の差異が伝わらず、コミュニケーションが深まりません。**もし、子どもが「ヤバい」と言ったら、「例えば、何がどうヤバいの？　もう少し具体的に聞かせて？」と問いかけてみましょう。

　「ヤバい」「ムカつく」といったネガティブな言葉だけでなく、「超いい！」というポジティブな言葉に対しても、この問いかけは有効です。「何が」「どう」「ヤバい」のか、「いい」のか、**漠然とした感情を1つ1つ解きほぐすように、子どもの思考を深めていきましょう。**そこから「明日のテストがヤバい」「復習が追い付いていなくてヤバい」という答えが返ってきたら、「なるほど、具体的でいいね！」と言い、「じゃあ、ヤバくなくなるためにはどうしようか」と話し合うことができます。**考えるのに必要なのは、具体性を問う問いかけなのです。**

第5章

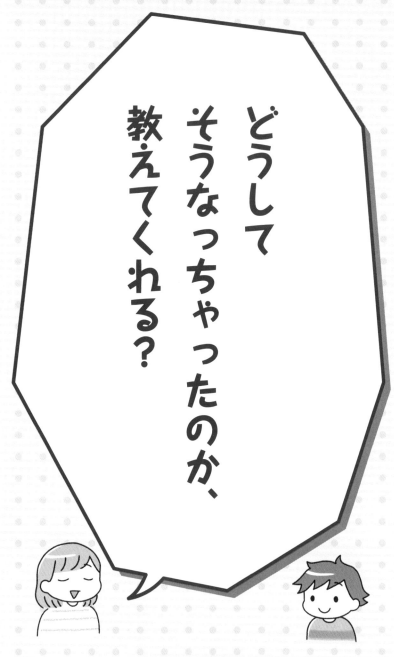

「どうして？」という問いかけは、語調や表情によっては詰問になりがちなので、注意が必要です。

　ここでお勧めするのは、謝罪や反省を促すための詰問ではなく、**シンプルに理由を知るための問いかけです。**

　例えば提出物が遅れて先生に叱られた、遊んでいて何かを壊してしまった、友だちにケガをさせてしまった、という時。当事者である子どもはその事実＝結果にショックを受けます。そんな時、状況を客観的に把握するための視点を、親がさずけてあげてほしいのです。

「どうしてそうなっちゃったのか、教えてくれる？」と問いかけ、もし子どもが言い淀んだとしたら、「あやまらなくていいからさ、経緯が知りたいんだよね」と付け加えてください。責められていないとわかれば、子どもも冷静に思考できるようになります。話を聞いて事の次第がわかったら、「よく分析できているね」とほめてあげましょう。**原因と結果をきちんと整理できることが、考える力です。**

第5章

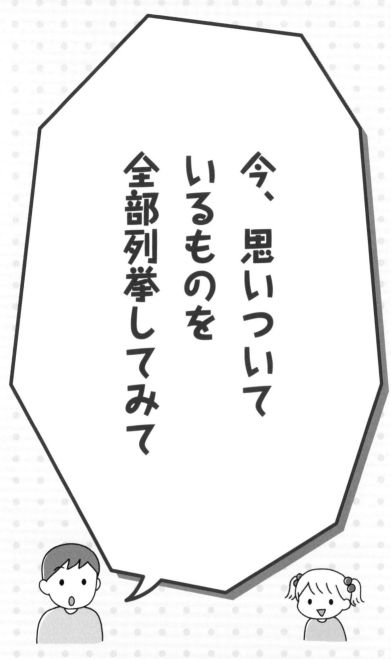

将来の夢を子どもに聞くと、往々にして挙がるのは1つか2つ。すでに将来の夢が決まっているというのであれば、1つにしぼっていても不思議ではありませんが、**夢や目標はいくつあってもいいものです。**

　将来やってみたいこと、好きな食べ物、好きなアニメ、尊敬する人物など、「今、思いついているものを全部列挙してみて」と言って、たくさん挙げてもらいましょう。1つに限定すると、いつも言っていること、言いやすいことになってしまう可能性があります。ですが、**「全部列挙」するならば、頭の中の隅々まで探してアウトプットする必要があります。**

　**この「隅々まで探す」という行為が大切です。**将来やってみたいことであれば、「一瞬でも、やってみたいと思ったことない？」と問いかけることで、**「何かあったかも」と頭が働き出します。**知識や記憶、経験はとても重要ですが、状況に合わせてすぐにアウトプットできなければ、宝のもちぐされです。**「全部列挙」は、考える力、アウトプット力の訓練にもなるのです。**

第5章

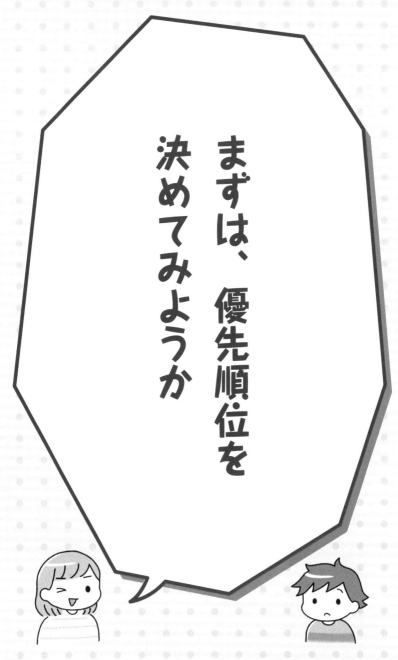

まずは、優先順位を決めてみようか

やるべきこととやりたいことの兼ね合いを考えるようになります

大人でも、やることが多すぎて何から手を付けていいのかわからなくなることはあります。子どもならなおさら。子どもの場合は「やるべきこと」と「やりたいこと」を混同して、必要以上に多くのことを抱えてしまうケースもあるでしょう。

**複数のことを並行して進める時は、「優先順位を決めてみよう」と問いかけてみましょう。**

優先順位を決めるためには、**①やるべきことをやるためにかかる時間　②やるべきことを終えなければならない時間（重要性・緊急性）　③やりたいことをどのタイミングでやるか　の兼ね合いを考える必要**があります。親からしたら、「やるべきことをやってから、やりたいことをやる」というのが理想ですが、まず子ども自身が自分で優先順位を決めるのを見守りましょう。ただ、「どうしてこういう順番にしたの？」と聞くのは大切です。「何となく」という答えなら、「その理由を聞かせてほしいな」と促しましょう。**詰問にならないように理由を問うことが、思考が動き出すきっかけ**になります。

第5章

第３章でアニメなどの物語を要約してもらうゲームを紹介しましたが、**ここではストーリーの転換点に着目して、前後の因果関係を考えるための問いかけ**を紹介します。「ＡがＢになって、ＢがＣになった」という流れなら、説明するのも難しくはありません。ですが、物語が大きく転換したり、シチュエーションがまったく変わったりすることがあります。

　例えば、**映画『鬼滅の刃』の「無限列車編」で、「どうして炭治郎たちは無限列車に乗り込むことになったの？」と聞く**のでもいいでしょう。あるいは、「この人はどうしてこんなこと言っているの？」「この回想シーンは、どうして出てきたの？」というシンプルな質問でもかまいません。真剣に見ている子どもは「たまたまだよ」とは言わず、そこに至るあらすじや人間関係を一生懸命説明してくれることと思います。**因果関係を説明するためには、ストーリーの論理的な理解が必要**になります。難易度の高い課題ですが、**アニメへの好きな気持ちから思考のトレーニングをしましょう。**

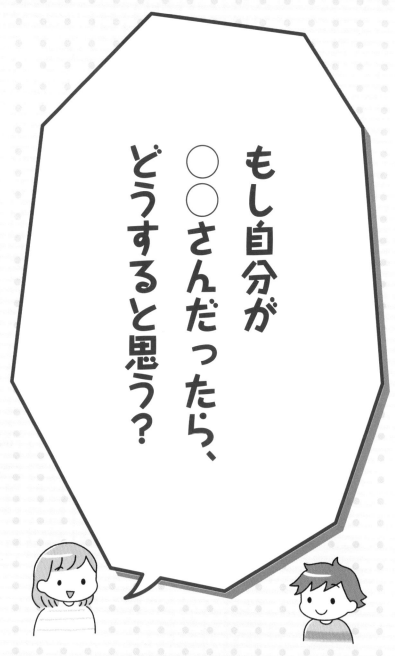

## 想像力と思考力の「羽」を大いに広げましょう

「相手の立場に立つ」ことは、とても大切です。

この言葉は、人に優しくしようという文脈で語られることが多いのですが、ここでの**「自分が○○さんだったら」は、自分とは違う人に想像力を働かせることが目的**です。

例えば、「もし織田信長だったらどうする？」と歴史上の人物を想像してもいいですし、「もし総理大臣だったらどうする？」と誰もが知る職業でもいいでしょう。**今の自分とはかけ離れた存在に思いを馳せ、想像を巡らせて言動を考えることが大切**です。また、**ニュースを見ながら、「自分だったらどうする？」と問いかけること**もお勧めします。ただ単に「こんなことしたら良くないよ」と感想を言うだけでなく、**そこから一歩踏み込んで「自分なら」という視点を持つことが考える力を養います**。

「自分なら」には正解も不正解もありません。**想像力と思考力の羽を大いに広げることで、自分以外の人を慮ることにもなり、めぐりめぐって人に優しい気持ちを持つ種にもなる**ことでしょう。

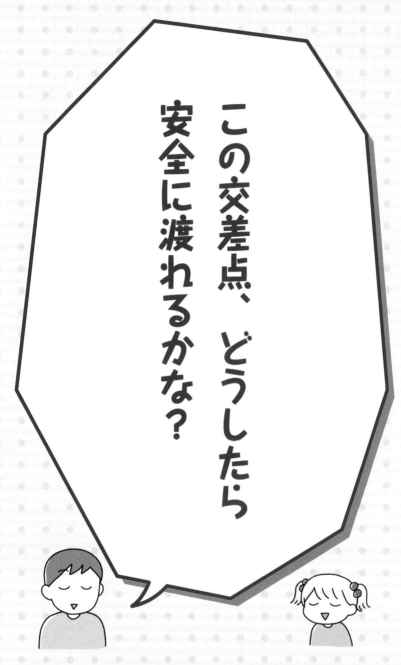

## 日々の「困りごと」から、オリジナルなアイデアが生まれます

　社会に出たら、与えられたことをこなすだけでなく、自らアイデアを出すクリエイティビティ（創造性）が求められます。著名なクリエイターを見ると、「特別な人たちだから」と思うかもしれませんが、そうとは限りません。**クリエイティビティの基本は、「どうしたらもっとよくなるか？」**です。どうしたら便利になるか、どうしたらもっと幸せになるか、その思考の積み重ねです。

　**子どものクリエイティビティを育む方法として、「困りごとの解決案出し」**があります。事故が多い交差点があるとしたら、「この交差点、どうしたら安全に渡れるかな？」と、子どもと一緒に考えてみてはいかがでしょうか。あるいは、「よく定期券をなくしちゃうんだよね」といった相談でもいいでしょう。

　答えは１つでなくてかまいません。むしろ、たくさん出てきた方がいいのです。**たとえ突飛なものでも、「いいね！」「斬新だね！」と、全部ほめましょう。**内容に関係なく、子どものクリエイティビティが育っていることがすばらしいのです。

第５章

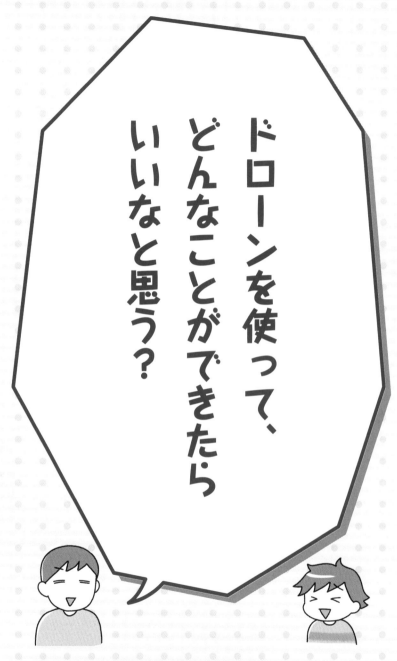

**新しい商品やサービスを考える。「あったらいいな」を自由な発想で!**

　前項にも近いアプローチですが、こちらは「**あったらいいな**」「**できたらいいな**」**がベースなので、想像・妄想大歓迎**です。ただし、何もないところで急に「何があったらいい?」と聞いても、うまく答えられません。「**ドローンを使って、どんなことができたらいいと思う?**」**というように、ある程度の前提条件を出して問いかけましょう。**

　「冷蔵庫に、どんな機能があったらいいなと思う?」など、身近なものだと想像しやすいと思います。もし「冷蔵庫が自動で中身を整理してくれたらいいね」というアイデアが出たら、「いいね!　それで、『もうすぐ賞味期限が切れます』とか教えてくれたらいい!」と、どんどん乗っかっていきましょう。

　医薬品や日用品を製造する小林製薬のブランドスローガンは、「"あったらいいな"をカタチにする」です。ニーズを解決するだけでなく、消費者の潜在的な欲求を汲み取って製品化するのが狙いだそうです。「**あったらいいな**」「**できたらいいな**」**は、私たちの心の中にいつもあるのかもしれません。**

## 自ら問いを立てる力が、問題解決力につながります

　文部科学省による平成29・30・31年改訂学習指導要領のキャッチコピーは、「生きる力　学びの、その先へ」です。改訂のポイントの中に、**「学習の基盤となる資質・能力」**として「問題発見・解決能力」が挙げられています。

　問題解決だけでなく、問題「発見」が含まれていることが重要です。前述した「困りごと」を見つけることも「問題発見」ですが、より「発見」の力を磨くためには、**「当たり前を疑う」「前提を疑う」という視点が大切**です。

　例えば、「どうして信号は3色なんだろう?」という問い。疑う余地もなく日々信号に接していますが、「そもそもどうして?」という視点を持ち、自分なりの考えを整理していくことで、問題発見・解決能力が養われていきます。**当たり前を疑うのは、大人より子どもの方が得意です**。ここでは問いを立てること、問いを考えることが課題です。「どうして」の答えは、親子で一緒に考えてみてください。もちろん、スマホで調べてもOKです。

第5章

> **あるものをないと仮定して、工夫に思いを巡らせます**

「あったらいいな」は、現実にはないものを想像する思考レッスンでした。ここでは、現実にあるものが、なかったとしたら……を想像します。当たり前にあるものをないものと仮定して、今と同じように不自由なく生活するとしたら、工夫が必要になります。**その工夫に思いを巡らすことが、考える力になります。**

何を「ないもの」とするか。もし、「テレビがなかったら」「電話がなかったら」だと、生活への影響は大きいかもしれませんが、子どもは「YouTubeを見るからいい」「メールするからいい」と考えるかもしれません。ですので、**子どもが「ないと困る（不便）」と実感する普遍的なテーマを挙げるといいでしょう。**例えば「もし、この世にお金がなかったら……」だと、さまざまな場面が思い浮かぶことでしょう。**「欲しいものがある時、お金がなかったらどうする?」「ファミレスで食事をしたらどうする?」と、具体的な場面について問いかけることで、思考を深め、発想を広げましょう。**

第5章

# 言葉は考える手段。語彙力・読解力はすべての教科に必要

学校の科目を「文系」「理系」と分けた時、国語は当然文系ですし、算数や理科は理系です。「理系だから、算数は得意なんだけど国語が苦手」と言う人がいますが、それは矛盾した話です。

算数や理科の文章問題は、語彙力や読解力がなければ解けません。**あらゆる勉強の基本は語彙力や読解力、つまり国語なのです。**

例えば「つるかめ算」の問題。
「つるとかめが全部で6匹います。足は20本です。つるとかめはそれぞれ何匹ですか?」

正解は、つるが2匹、かめが4匹となりますが、きちんと問題文を読んでいないと、「つるが4本、かめが16本」と、足の本数で答えてしまうかもしれません。導き方と計算は合っているのに、答えの単位を間違えるというのは、よく起こる間違いです。

理科の濃度の問題も、提示される数字の単位を勘違いしたり、何を求めるかを間違えると、まったく違う答えが出てしまいます。

そもそも、**「考える」という作業は言葉を使って行います。**国語でも算数でも理科でも、言葉で考える以上、語彙力や読解力と切り離せません。

**理系だから語彙力は関係ないと思わずに、考える手段としての語彙力・読解力の大切さを忘れずにいてほしいと思います。**

第 **6** 章

子どもの
語彙力のために
親ができること16選

## 語彙力は「生の会話」で伸ばそう

本書の目的は、**子どもの語彙力を伸ばすこと**。

それも、日常的な親子のコミュニケーションを通して語彙力を伸ばそうということです。

**言葉を学ぶには、「生の会話」がとてもいいのです**。外国語を学ぶのも、その国の友だちをつくって仲よくなると上達が早いと言いますよね。語彙力も同じです。

**主眼はあくまでコミュニケーションなので、親の学力や語彙力は関係ありません**。むしろ、親子で一緒に語彙力を伸ばすと思ってもらった方がいいかもしれません。

**親は指導者ではなく、ペアを組む「相方」のようなイメージ**です。スマホを片手に、親子で一緒にニュースを読んだり、調べものをしたりするのもいいでしょう。

行き詰まったら相談しあい、わからないところは一緒になって考える。語彙力を伸ばすという共通の目標に向かって協力していきましょう。

## ほめて笑って一緒に楽しむ

**親が子どもと一緒に取り組む際に大事なのは、ほめること。**これは私が大学生に授業をする中で気づいたのですが、指導のキモは、できないところを指摘して底上げするのではなく、いいところ・できているところを指摘しまくってほめまくることなのです。

**ほめる機会を増やすことが最大の指導であり、能力を伸ばす究極の方法である**と思っています。

大学では教員を目指す学生たちの授業を受け持っているのですが、その中で『源氏物語』や『徒然草』の内容をコントにする課題を出して、発表してもらっています。

初めは「そんなの作れないですよ……」と言っていた学生たちも、課題をこなさなければ単位がもらえないので、必死に取り組みます。

すると、「できない」と言っていたはずの学生たちが、ものすごくおもしろいものを作ってきます。「ショートコント　徒然草」というタイトルで、仁和寺の法師のコントを演じた学生がいたのですが、

第6章

見事に爆笑をさらいました。

　おもしろいかおもしろくないかは、実は副次的なことです。**大事なのは、人前でコントをするという勇気**。その勇気に敬意を表して、私だけはどんな発表でも爆笑することにしています。「すばらしい！」「最高だよ！」「エクセレント！」と拍手しながら大笑いするのです。

　それによって**学生たちは、自分のアイデアが受け入れられたという安心感を持ちます。その安心感がさらなるチャレンジを生む**のです。

　だから、ダメ出しはナシ。特に、**子どもの答えにはダメ出し厳禁**です。ダメ出しは勇気をくじき、不安を生み出すだけです。

　また、**子どもとのゲームでは、一緒に笑いあうことも重要**です。ふざけた答えを言って「何それ⁉」「くだらない〜！」と笑い、楽しくなってワクワクしてくる感覚が、コミュニケーションのゲームにはとても大切なのです。

　こうして遊びながら、楽しみながら、語彙力を育んでいってほしいのです。

## 語彙が爆発的に増える時期を逃さない

　なぜ、**子どもの時期に語彙力を身につけてほしいかというと、知識の吸収度が非常に高いからです。**

　子ども時代というのは、人格の形成期であることもあいまって、言葉の浸透が速くて深いのです。

　私自身のことを思い起こしてみれば、**子ども時代に好きだったマンガのセリフは、ほとんど暗記していました。**

　覚えようと思って覚えたわけではありません。好きで、何度も読んでいるうちに、頭に定着していたという感じです。何十年も経った今でも、ふと口をついて出てくることがあるくらいです。

　**間近で子どもを見ていると驚くのですが、記憶する単語量が爆発的に増える時期というのがあるんですね。**小学生はまさにその時期で、だからこそ学校で新しい漢字や九九を習ったりするのです。

　語彙に関しても、出会いがあれば確実に増えていきます。好きなマンガに出会った私のように、出会った言葉はことごとく吸収していく。本書を活用して、語彙を育んでいきましょう。

第6章

## 受け答えの力を育もう

親の立場では、子どもが親元を離れて社会に出た時に、豊かな人間関係を築いて幸せに暮らしてほしいと願うと思います。

豊かな人間関係のポイントとして、コミュニケーションが占める割合は大きいでしょう。**そのコミュニケーションを支えているのは言葉。語彙力です。**

もし、日常的に粗雑な言葉を使い、単純な語彙しか持っていなかったら、穏やかな人間関係を紡ぐのは難しいでしょう。

逆に、語彙力があっていい人間関係に恵まれているのに人の道を踏み外すということは、まずないのではないでしょうか。

**コミュニケーションがうまくいかない時に感じることの１つに、「話が通じない」状況があります。**

おもしろいと思うポイントが違う、好きなものが違うというのは、好みや傾向の違いであって、「話が通じない」とは異なります。

好みが違うのであれば、「それのどこが好きなの？」と興味をもって聞き、互いの好みを尊重しあえればいいのです。

**話が通じないのは、自分の意図が伝わらないとい**
**うことです。**「昨日見たドラマがおもしろかった」
という話をしているのに、ドラマとは無関係の話を
されてしまっては、会話になりません。

「いま、その話をしているんじゃないんだけど
……」と心の中で思われてしまいます。「この人と
一緒に何かするのキツイかもなあ」と感じさせてし
まうことにもなります。

　話が通じているかどうかは、受け答えの言葉でわ
かります。通じていない場合は、言葉自体がズレて
います。**中学校受験の面接などでもそうならないよ**
**うに、日々の会話でも受け答えの力を育むことを意**
**識しておきましょう。**

## 親は記録係でいい

　第4章で詳しく述べましたが、親子で語彙力ゲー
ムをやる際には、**親は子どもの「記録係」として活**
**躍してもらいたい**のです。

　子どもが、自分で日々やったことを書きとめるの
は大変です。やることよりも書くことの負担が大き
く、やることが滞ってしまう可能性があります。

　それならば、書くのは親が引き受ければいいので
す。子どもは親が記録してくれると思うとやる気に

第
6
章

なりますし、自分のやったことが言語化されると客観的にとらえることができます。達成感が生まれるのも、記録があればこそです。

　**ノートに記録するだけでなく、カレンダーにシールを貼るのもお勧め**です。子どもは、シールを貼る行為自体が楽しいので、どんどんやるようになります。どんなシールを貼ろうかと、親子で選ぶのも楽しい時間です。

　プレイヤーと記録係とは、ボクサーとセコンドのような関係です。導いたりアドバイスしたり励ましたりしながら、子どもの語彙力アップを見守りましょう。

## 語彙力の筋肉を鍛えるとしなやかになる

　長年大学生を教えている中で、就活で採用される学生とそうでない学生には大きな違いがあることがわかりました。

　それは、**面接の場において、自分の言葉で語れるかどうか**ということ。つまり語彙力が問われているのです。面接では、志望動機や学生時代のエピソードを聞かれるのですが、その時に、初対面の相手にもきちんと伝わる言葉で語れることがとても大事に

なってきます。

　もちろん緊張もするでしょうし、普段通りにうまく話せないこともあるでしょう。しかし、それを差し引いても「あの……」「ええっと……」と口ごもってばかりいたら話が進みませんし、未熟であるという印象を与えてしまいます。

　仕事の知識やスキルは後から身につければいいのですが、聞かれたことに的確に答えられないとすると、社会人としてのスタートラインの手前でつまずいていることになります。採用されるのは厳しくなります。

　自分の言葉で語る力、語彙力は、社会人になってから（あるいは、社会人になる時に）身につければいいというものではありません。

　**"自分の語彙力"は、長い時間をかけて獲得していくもの**です。語彙力の筋肉を小学生のうちから鍛えておくと、大人になるとともにしなやかな強さを持つようになるのです。

## 言葉から気持ちを推し量る力を養おう

第
6
章

　聞かれたことに的確に答えるには、相手が何を言っているのか、何を知りたいのかを理解する力が

必要です。

　言葉を手掛かりにして、相手の気持ちを推し量る。言葉を手掛かりに、相手の話の文脈を理解する。その点で、**語彙力は人間関係の能力**とも言えます。

　よく「空気が読める」「空気が読めない」と言いますが、これも相手の背景、相手の文脈がわかるかわからないかということ。表情の険しい人がいた時に、「なぜこの人は怒っているのか」を想像できる人は空気が読めるということになります。

　子どもが、「放課後、一緒に遊ぼうよ」と友だちを誘ったとします。その友だちが「今日は、ちょっとごめん」と言った時に、「そうか、自分とは遊べないんだ」と落ち込んで、それ以降の関係がギクシャクしてしまうとしたら、相手の話の文脈を取り違えている可能性があります。

「今日は」と言っているので、今日たまたま予定が入っていただけで、明日なら大丈夫かもしれません。言葉の意味をきちんととらえて、「じゃあ、明日は？」と聞いたら「うん、明日ならいいよ」と言うかもしれないのです。

　これは、大人の世界でも起こりうることです。

　**相手の言葉を手掛かりにして相手の気持ちを推し量ることができれば、傷つく必要のないことで落ち込むこともありません。**

## 語彙力を蓄えて個性を光らせる

　子どもは、大人ほど公私の区別なく生活していますが、それでもある程度は公共性を意識しなくてはならない場面が出てきます。

　受験の面接はその最たるものですが、面接以外の学習発表の場などでも、**友だち同士の会話ではないフォーマルな語彙を使えるようにしておくと後々役に立ちます。**

　フォーマルな語彙の代表が敬語です。
「先生が言ってた→先生がおっしゃった」
「先生から聞いた→先生からうかがった」
　くらいは、すっと口をついて出てくるようにしておきたいものです。

　ただ、**フォーマルな語彙を使う時に注意したいのは、型通りの言葉になりすぎてしまうこと。**いわゆる「常套句」「定型句」です。
　**気遣いはしつつも、自分のおなかの中、心から出た言葉で伝える正直さが重要**です。自分らしい意見や考え、個性がぐっと前に出るような言葉を失ってほしくはないのです。

第6章

「先生のお話をうかがって、すばらしいと思ってとても感動しました」

　では、自分らしさがありません。

「自分に置き換えてみて、同じことができるかなと思いましたが、今日のお話をうかがって、やってみようと思いました」

　くらい、**気持ちが前に出ている方が「自分の意見」として人に伝わります。**

　社会人になると、当たり前のように「あなたの意見」が求められます。会議で「○○についてどう思いますか？」と聞かれて「賛成です」「いいと思います」と答えたり、「何か意見はありますか？」と聞かれて「特にありません」と答えたりしていては、信頼が得られません。

　**どんな時も、自分の言葉で自分の意見を言う。そして相手への気遣いを忘れない。**そのためにも、語彙力を蓄えておきたいのです。

## 考えるクセをつけ発想力を豊かに

　第5章の「考える力を育む声かけ」で、アイデアを出す、列挙するというテーマを出しました。

　小学生にはちょっと難しいと思ったかもしれませ

んが、**声かけとして日常的に続けていると、子ども
は「考えよう」という思考のクセがついてきます。**
ぜひ続けてほしいと思います。

　というのも、アイデア出しや列挙は、社会人に
なって必要とされる力だからです。社会人としてあ
る組織に入ったとしたら、その組織に貢献すること
が求められます。**その貢献の１つが、アイデアを出
すこと。**よりよくするためにはどうしたらいいか、
その具体的な案を出すということです。

　アイデアなんて誰でも簡単に出てくるでしょ、と
思うかもしれませんが、普段から考えていないとな
かなか出てきません。コンサルタントや企画会社が
重宝されるのは、そのためでしょう。

　現状を打破するために、あるいはトラブルを回避
するために、「こうしたらいいんじゃないか」「ああ
したらいいんじゃないか」と、とにかくアイデアを
出しまくる人は歓迎されます。

**「論より証拠」ならぬ「論よりアイデア」**で、グダ
グダ一般論を言うヒマがあったらアイデアを出して
ほしいのです。アイデアこそが現実を変えるのです。
　子どもならばアイデアを言いっ放しでいいのです
が、社会人であれば、「なぜそれが必要なのか」と

第6章

いう理由、根拠はセットで伝えたいところ。**アイデア＋根拠をコンパクトに伝えることができれば、優秀な社会人と言えます**。子どもの頃から、考えるクセをつけると発想力を豊かにすることができるのです。

## 社会人の基本は「テンシュカク」

第5章では、列挙する力についても言及しました。それがなぜ社会人に必要かというと、大事なことを抽出して要約し、箇条書きにまとめることができないと、トラブルを起こしやすいからなのです。

仕事の指示を受けた時に、その上司の言葉の中から「いつまでに」「何と何をしなくてはならないか」を的確に列挙し、「これとこれとこれですよね」と確認をする必要があります。

指示を受けた時点で勘違いしていたら、一巻の終わりです。どんなに努力しても、「頼んでもいないことを勝手にした」と思われるだけです。

**勘違い、行き違いが起こらないように、列挙して確認して一歩ずつ確実に進めていくことが大事**なのです。

私が、**就職を控えた大学生によく言うのは、「テ**

ンション・修正・確認」の「テンシュカク（天守閣）」です。

**「テンション」は、元気**。新入社員は、即戦力たる知識やスキルに乏しいのが当然です。せめて気持ちの張りくらいは持っていてほしいもの。元気よく挨拶や返事をしようということです。

**「修正」は、何か指摘を受けた時にすぐに改善すること**。「でも、……」と言い訳せずに、ただちに修正。もし主張したいことがあるのなら、しっかり修正した後で言います。

**「確認」は、先ほど述べた、取り掛かる前に必ず確認すること**。

　長らくビジネスパーソンの基本として「ホウレンソウ（報告・連絡・相談）」が言われてきましたが、新入社員には「ホウレンソウ」とともに「テンシュカク」を勧めています。

　実際、卒業生から「先生の『テンシュカク』で大丈夫でした！」と報告をもらっているので、皆さんにも自信をもってお勧めします。

## 言葉を仕入れてアウトプットしまくる

　一口に語彙力といっても、話し言葉と書き言葉で

第6章

は異なります。日常的に書き言葉の重要性を意識することはあまりないかもしれませんが、書き言葉は日本語のかなりの部分を占めています。

書き言葉と言えば漢字。**小学校の６年間で習う漢字は1026字**です。漢字は表意文字で、文字自体に意味があります。同じ一文字でも、ひらがなと漢字では情報量がまったく違います。すばやく大量に、かつ的確に情報を伝達するためには、漢字を使うことが欠かせません。

**書き言葉では、話し言葉よりも改まった語彙が必要**になります。話し言葉では「～が、～で、それで～で、……」でもかまいませんが、書き言葉ではそうはいきません。テキパキとした言葉、キュッと締まりのいい言葉を知っているといいと思います。

そのために、**本を読むことが大切**なのです。本は書き言葉そのもの。本を読んで、きちんとした書き言葉を"仕入れておく"といいでしょう。

本書では、語彙力を養う上では本だけでなくマンガやアニメも推奨していますが、書き言葉を仕入れるという点では、やはり本に軍配が上がります。

**本を読んでいる子どもとそうでない子どもの差は、作文に表れます。**

「おもしろかったです」「楽しかったです」といっ

た表現を多用せず、「〇〇のところでは、つい身を乗り出しました」「△△に心が躍りました」という語彙を使えるかどうかは、大きな違いです。

「語彙力」を、どれだけ多くの言葉を知っているかという知識量として理解している人が多いかと思いますが、私の考える「語彙力」はそうではありません。

インターネットが広まり、子どもでもスマホやタブレットを使うことが珍しくない今、あらゆる情報は簡単に手に入ります。ということは、「知っている」と「知らない」とで差がつきにくいとも言えるのです。

言葉も、たくさん知っているだけでは意味がありません。**状況や場面に即した適切な言葉を、瞬時に選んで使いこなせるかどうかが問われる**のです。

私は、状況に合わせて的確に言葉を使いこなす力全般を「語彙力」と呼んでいます。

本を読むことで語彙のバリエーションを増やし、作文や会話でアウトプットしまくることは、子どもにとっても大人にとっても重要です。**語彙の新陳代謝をよくすることで、語彙力はさらに磨かれていくのです。**

第6章

## フィクションを使って
## 世の中を疑似体験させる

本書では絵本を読むことも勧めています。絵本は小さい子ども（未就学児）の読むもの、と思う方もいるかもしれませんが、小学生でも大人でも、いい絵本はぜひ読んでほしいと思います。

**絵がある分、物語世界に没入しやすいのが絵本の特徴**です。絵本を開いた瞬間、現実を忘れてその世界に深く入り込んだ経験は、皆さんも記憶にあることと思います。

絵本の物語は基本的にフィクションです。**「そんなことありえないよ」と思っても、絵の力でフィクションの世界を疑似体験することができる**のです。

現実にはない体験を積み重ねることは、心の成長を促します。自分とはまったく違う生活、まったく違う考えを持つ人、自分にできないことができる人、自分にできることができない人など、日常生活では出会えない人や出来事に接することで世界が広がり、心の許容範囲が広くなるのです。

**世の中にはいろんな人がいる。このたった１つのことを知るだけでも、十分に価値のあることなのです。**

## 語彙を豊富にし、思考を深める働きかけを

　**一流の結果を出す人たちは、自分自身の言葉を持っています。**

　自身の実力を把握し、ライバルの技術を分析し、パフォーマンスを最大化するためには、何を、どのように、どのくらい訓練し、いつまでにどのレベルまで達する必要があるのか。また、身体的・心理的なコンディションの波をどうコントロールしていくか。これらについて深く思考する必要があるからです。

　思考は言葉。**思考が深ければ深いほど、言葉の質も量も上がっていきます。**

　棋士の藤井聡太さんは、豊富な語彙を持つことで知られています。将棋という、深い思考を必要とする競技のトップランナーの一人として、学校の勉強だけにとどまらない学びを続けてきた結果だと思います。

「連勝できたのは僥倖としか言いようがない」

「4連勝は望外で自分の実力以上のものを出せた。より一層精進したい」

「僥倖」とは、思いがけない幸運のこと。「望外」

第
6
章

とは、望んでいた以上であること。

「僥倖」には、結果を予想すらしていなかったという前提があります。「望外」は、ある程度の結果は想定していたけれど、それ以上の結果が出たということ。

**どちらもニュアンスとしては近い言葉ですが、これを使い分けるところが語彙力の高さなのです。**

シンプルに言ってしまえば「思いがけず、ラッキー！」でしょうけれど、決定的に違うのは、「僥倖」「望外」には実力よりも運であるという「謙遜」が含まれていること。「ラッキー！」には、率直な喜びはありますが、謙虚さはありません。

**意味の差異を理解して言葉を選んでいるところが、藤井聡太さんのすごいところです。**語彙を豊富に蓄えることで、思考を深めることができるのです。

## 人の心を動かす「言葉の力」を培おう

もう１つ、語彙力が人の心を動かす好例を紹介します。

2022年夏の高校野球大会で、宮城の仙台育英学園高等学校が初優勝を果たしました。その優勝インタビューで須江航監督が言った「青春って、すごく密」という言葉は、大きな話題になりました。そし

て、同年のユーキャン新語・流行語大賞で選考委員
特別賞に選ばれました。

「青春って、すごく密なので、でもそういうことは
全部『だめだ、だめだ』と言われて、活動していて
も、どこかでストップがかかって、どこかでいつも
止まってしまうような苦しい中で、でも本当に諦め
ないでやってくれた」

　2022年は、新型コロナウイルスの感染拡大の真っ
ただ中。日本では2020年1月15日に最初の感染者が
確認され、以降は生活の制限や自粛を余儀なくされ
ることとなりました。
　甲子園に出場した選手たちは、まさにこの自粛の
中で高校生活を送ってきました。「密」の回避が求
められ、仲間と触れ合い分かち合う時間を失ってし
まったのです。
　須江監督の「青春って、すごく密」と聞いた時に、
多くの人が「確かにそうだよね」と思ったのではな
いでしょうか。
　本来「密」であるはずの青春の接触を奪われてし
まった彼らのことを思い、かわいそうだったな、つ
らかっただろうなと感じたのだと思います。私もそ
の言葉にはグッとくるものがありました。

そして、**否定的な意味で使われていた「密」という言葉を、一気に肯定的に転換させ、多くの人の心を近づけたこともあると思います。言葉の力を実感した出来事でした。**人の心を動かす大人になるためには、「言葉の力」が必要なのです。

## 言いかえの力で子どもは　もっと生きやすくなる

**言葉は人を励ますこともできますし、人を傷つける凶器にもなります。**

世の中には、いい言葉も悪い言葉も無数にあります。**どの言葉を選ぶか、どの言い回しを選ぶかが大事**になってきます。

例えば、友だちが「これ、おいしいから食べて」とお菓子をくれたとします。もちろん好意です。ですが、食べたらぜんぜんおいしくなかった。「どう?」と聞かれて、「おいしい」と嘘をつくことはできません。だからといって「マズイ」と言えば、友だちを傷つけてしまいます。何も言えないままでいると、相手はあなたが答えるまで待つことになります。

「初めて食べたけど、不思議な味だね。新しい経験ができてよかった」と言うと、自分の気持ちに嘘を

つかず、かつ相手も傷つけることはないでしょう。

どうしても相手にNOを伝えなくてはならない場面はあります。ですが、**NOの言葉をそのまま使っては、関係性にヒビが入る可能性があります**。それまで親しくしていた人と疎遠になるのは、つらいことです。

その時に、**適切な言葉・表現で言いかえができると、関係性を壊すことなくいられるので、心理的な負担が軽減**されます。語彙力があれば、生きやすくなるとも言えるのです。

## 語彙力は生きるための武器となる！

生きやすさと語彙力という点でもう１つ言えば、ストレスとの関係もあります。**感情を上手に言葉にできればストレスが減ります。**

**人の感情は、「うれしい」「楽しい」「悲しい」「寂しい」といったシンプルな言葉で表し切ることはできません。**「おもしろうてやがて悲しき鵜舟かな」(芭蕉) という名句があります。「うれしいけど悲しい」「寂しいけどうれしい」「やってみたいけど不安」「楽しいけど行きたくない」といったアンビバレンツな感情が、大半なのではないでしょうか。

第6章

**自分の複雑な感情を言葉にできないと、人に気持ちを理解してもらうことはできません**。人に理解されないと、孤独を感じることもあるでしょうし、イライラすることもあるでしょう。

　うまい言葉が見つからず、人にわかってもらえない。もどかしい気持ちを抱えたまま生きるのは、とてもつらいですし、自信を失います。

　思っていることと言っていることの間にギャップがあるのは、大きなストレスなのです。

　使いこなせる言葉が多ければ、理解してもらえるまで言葉を尽くすことができます。「例えば……」と具体例を出すなどして、「そういうときの気持ちなんだけど、わかってもらえる？」と伝えられます。

　**思考や感情と言葉にズレがないと、心も安定して自信が持て、自己肯定感が上がります。**

　大げさに聞こえるかもしれませんが、語彙力はストレスなく生きる糧でもありますし、自己肯定感を上げるものでもあるのです。

　**語彙力を、子どもが前を向いて生きるための武器としてさずけられるといいでしょう。**

# 「なんちゃって社会人」にならない ように語彙力を磨こう

コミュニケーションは気持ちが大事ですが、社会人ともなると、気持ちだけでは乗り切れない場面が出てきます。**シーンや立場に応じた語彙力・言い回しが必要になってきます。**

子どもが、母の日や父の日に「いつもお仕事ご苦労さま」と言ってくれたらうれしいものですが、部下から「いつもお仕事ご苦労さま」と言われたら、憮然とすることでしょう（「ご苦労さま」は、目上の人間が労う言葉です）。

社会人経験の浅い人が、上司に相談事があって時間をもらいたい時に「すみません、今ヒマですか?」と聞くというのも、笑い話ではありません。

子どものうちは、楽しくて心地よいやりとりができることが大切ですが、社会に出たら心地よいやりとりができるとともに、意味のあるやりとり、正しい情報のやりとりも重要になってきます。

その時に必要なのが、語彙力です。**誰もが忙しくしている中、限られた時間で必要な情報を伝えるには、どんな言葉を選んだらいいのか。それを瞬時に見極める力が求められるのです。**

日本語は、相手への配慮や自分の意識によって選ぶ言葉が変わる言語です。敬語の複雑さがその最たるもの。子どものうちから語彙力を磨いておくに越したことはありません。

# おわりに

　太宰治の小説『津軽』の冒頭に、こんなことが書かれています。

津軽の雪

　こな雪

　つぶ雪

　わた雪

　みづ雪

　かた雪

　ざらめ雪

　こほり雪

（東奥年鑑より）

『東奥年鑑』とは青森の一年の出来事を1冊にまとめたもので、その昭和16年度版に「雪の種類　積雪の種類の名称」という欄があり、上記の記載があります。

　1つ1つに説明書きがあり、例えば「こな雪」な

ら「湿気の少ない軽い雪で息を吹きかけると粒子が容易に飛散する」とあります。

青森県北津軽郡（現在の五所川原市）に生まれた太宰は、7種類の言葉で雪を言い表す文化の中で育ちました。それは、太宰の語彙力にも大きく影響したことでしょう。

私の生まれ育った静岡では、あまり雪が降りません。だから「雪」は「雪」。雪の状態によって言葉を使い分けることは、まずありません。太宰は、生活の中で自然に、雪についての語彙を増やしていったのだと思いますが、私はこうした本を読むなどして増やしてきました。

**語彙が豊富だということは、それだけ世界の受け取り方が広がるということ。必然的に、読解力も表現力も、豊富になっていきます。**

本書では、「読むこと」をテーマにしたゲームも紹介しました。ここで「読むこと」、読書についても少し触れておきたいと思います。

「本を読むのはいいことだ」と、よく言われていますね。勉強のためにももちろんですが、語彙力の向上にもいい。ですが、読書の意義とはそれだけでは

ありません。

　本を読むのは、時間がかかります。マンガは次々にページをめくっていきますが、本は一字一句を読まないと進められません。粘り強さがなければ、本は読めないのです。

　**本を読むということは、人（著者）の話をじっくり聞くことです。**おもしろいところだけ聞く、おもしろくないところは飛ばす、という読み方では、理解できないことが出てきます。

　だから、**本を読む習慣がつくと、感情のコントロールができるようになります。**言葉を学ぶ、国語の力をつけるだけでなく、感情を含めた人間性全体に影響を与えるのが読書なのです。

　本を1冊読めば、心の中に1本の木が育ちます。10冊読めば10本の林になり、100冊読めば100本の森になります。読書は心に豊かな森を作ってくれるのです。


　親御さんの中には、子どもが本を読まずにアニメやマンガばかりに熱中していることを憂いている方もいるかもしれません。

　本書では、アニメやマンガを禁止するのではなく、

むしろ奨励しています。というのも、アニメやマンガがダメなのではなくて、**それらを子どもが大量消費するだけで終わらせていることが危ういと考えているので、アニメやマンガとの上手な付き合い方を伝えたいと思ったからです。**

　消費するのではなく、実になるものにしていく。そのために、見たり読んだりしたことを親に話す、おもしろかったポイントやストーリーを要約して伝えるというゲームを紹介しました。

　そうすれば、アニメやマンガの見方、楽しみ方も変わってくるはずです。


　子どもが夢中になっているものは、子どものモチベーションを上げてくれます。また、アニメやマンガは想像力をふくらませるものでもあります。

　それらを禁止するのではなく、**夢中になっているからこそ学びにいかすように導きつつ、その上で活字に触れる機会を増やしてあげる。**そのためのきっかけとして、本書を活用していただけたらうれしいです。


2023 年 3 月　齋藤　孝

# 特典

## 語彙力を育む
## 書籍・漫画一覧

# 親子で読みたい絵本

## 『いないいないばあ』
松谷みよ子／文、瀬川康男／絵（童心社）

「いないいない……ばあ」とページをめくろう！　笑いながら読むのがポイントです。

## 『はらぺこあおむし』
エリック・カール、もりひさし／訳（偕成社）

色彩豊かな"しかけ絵本"。あおむしに感情移入して、声に出して読んでみましょう。

## 『しろくまちゃんのほっとけーき』
わかやま けん（こぐま社）

「ぽたあん」「ぷつぷつ」などのオノマトペが楽しい。オリジナルなオノマトペを作るのもいいですね。

## 『ぐりとぐら』
なかがわ りえこ、おおむら ゆりこ（福音館書店）

歌うように音読してみましょう。協力しあうぐりとぐらは、子どもの心を豊かにしてくれます。

## 『そらいろのたね』
なかがわ りえこ、おおむら ゆりこ（福音館書店）

友だちの大切さ、友だちを思いやる心を育む、温かい絵本です。

## 『ちいさなうさこちゃん』
ディック・ブルーナ、いしい ももこ／訳
（福音館書店）

たくさんの動物たちに囲まれるうさこちゃん（ミッフィー）の、幸福な時間が味わえます。

## 『100万回生きたねこ』
佐野洋子／作・絵（講談社）

何度でも読みたいロングセラー。生きることの意味を、親子で考えてみるのもいいですね。

## 『ずーっと　ずっと だいすきだよ』
ハンス・ウィルヘルム、久山太市／訳（評論社）

「だいすきだよ」の言葉が、「ぼく」と犬のエルフィーの生きる希望になります。

## 『しろいうさぎと
くろいうさぎ』

ガース・ウイリアムズ、まつおか きょうこ／訳
（福音館書店）

大切な相手といっしょにいることの幸せ
を、シンプルに伝えてくれます。

## 『スイミー　ちいさな
かしこい　さかなの　はなし』

レオ＝レオニ、谷川俊太郎／訳（好学社）

つらいことも、知恵をしぼってみんなで
力を合わせれば乗り越えられる。勇気が
わく絵本です。

## 『おおきなかぶ』

A．トルストイ／再話、佐藤忠良／画
内田莉莎子／訳（福音館書店）

「うんとこしょ　どっこいしょ」のかけ声
は、日常生活の中でも楽しんで使ってみ
てください。

## 『すてきな三にんぐみ』

トミー・アンゲラー、いまえ よしとも／訳
（偕成社）

一見悪そうに見える三にんぐみですが
……、その意外な結末にワクワクします。

## 『3びきのくま』

トルストイ、バスネツォフ／絵、
おがさわら とよき／訳（福音館書店）

女の子とくまの楽しいやりとり。イギリスの民話をロシアのトルストイがアレンジしました。

## 『イソップえほん きたかぜとたいよう』

蜂飼耳／文、山福朱実／絵（岩崎書店）

この物語の意味するところを、親子で話し合ってみるといいでしょう。いろいろな解釈ができますね。

## 『スーホの白い馬』

大塚勇三／再話、赤羽末吉／画（福音館書店）

舞台はモンゴル。日本とは風景も文化も習慣も違う国のことを知るのに、絵本は最適です。

## 『手ぶくろを買いに』

新美南吉／文、黒井 健／絵（偕成社）

「手が寒くてちんちんする」という子ぎつね。温かくて優しい気持ちになる物語です。

# 豊富なイラストで楽しく読めるお話

（角川つばさ文庫）

## 『バッテリー』

あさのあつこ、佐藤真紀子／絵

野球に夢中な中学入学直前の巧と豪。すごい才能を持つ野球少年たちの、努力と友情の物語。

## 『夜は短し歩けよ乙女』

森見登美彦、ぶーた／絵

京都が舞台で、ファンタジーや古典、恋愛までさまざまな要素が詰まった物語。

## 『時をかける少女』

筒井康隆、いとうのいぢ／絵

放課後の理科室でガラスの割れる音が！時間と記憶をめぐる不思議な世界に誘われます。

## 『ぼくらの七日間戦争』

宗田理、はしもとしん／絵

子どもＶＳ大人の戦いがスタート！　子どもたちの知恵と奮闘にワクワクドキドキです。

## 『パンダのシャンシャン日記 どうぶつの飼育員さんになりたい！』

万里アンナ、ものゆう／絵

小学校低学年から読めるお話。パンダの成長過程を知ることができます。

## 『名探偵シャーロック・ホームズ　緋色の研究』

コナン・ドイル、駒月雅子／訳、冨士原良／絵

世界一の探偵・ホームズと助手のワトスンが、絶妙なコンビネーションで事件を解決！

## 『本当はこわい話 かくされた真実、君は気づける？』

小林丸々、ちゃもーい／絵

1話1分で読める、ショートストーリー集。最後のどんでん返しにびっくりで、二度読み必至？！

## 『今泉先生のゆかいな 動物日記』

今泉忠明、きっか／絵

動物学者が教える、動物たちの楽しいあれこれ。動物好きならぜひ読んでおきたい1冊。

## 『自閉症の僕が跳びはねる理由』
東田直樹、よん／絵

人との会話がスムーズにいかない「僕」が、自分らしく懸命に生きる姿が印象的です。

## 『くもの糸・杜子春　芥川龍之介作品集』
芥川龍之介、ひと和／絵

芥川賞の名前の元である芥川龍之介の短編集。小学生にも読める名作ばかりです。

## 『ごちそうびっくり箱』
角野栄子、千葉史子／絵

料理好きな"くいしんぼやさん"のナナさんが、いろんな国に行って料理を楽しみます！

## 『走れメロス　太宰治名作選』
太宰治、藤田香／絵

友情とは？　信じるとは？　「走れ！メロス」は、メロスが自分で自分を励ます言葉です。

## 『星の王子さま』

サン＝テグジュペリ、管啓次郎／訳、西原理恵子／絵

「かんじんなことは目に見えない」、そんな大切なことを教えてくれる優しい物語です。

## 『新訳　若草物語』

L.M. オルコット、ないとうふみこ／訳、琴音らんまる／絵

個性豊かな4人姉妹が織りなす、にぎやかな成長物語。4人の誰かに自分を投影できるかも。

## 『エジソン
世界を照らした発明王』

田部智子、RICCA／絵

好奇心旺盛な少年が、やがて世界の発明王に！　失敗にへこまない心の強さが光ります。

## 『ジュニア空想科学読本』

柳田理科雄、藤嶋マル／絵

もしタケコプターが本当にあったら？　アニメやマンガに登場するものを科学的に検証！

# 読解力&文脈力が鍛えられる漫画

## 『ONE PIECE』
尾田栄一郎（集英社）

仲間たちとともに、大いなる旅へ！　個性強めのキャラクターを知っておきたい。

©尾田栄一郎／集英社

## 『名探偵コナン』
青山剛昌（小学館）

腕力ではなく知恵で戦うコナン君。細部を見逃さない視点に注目！

©青山剛昌／小学館

## 『鬼滅の刃』
吾峠呼世晴（集英社）

心優しい炭治郎は、家族を失った敵をとるために立ち上がる！　多彩な漢字表現もおもしろい。

©吾峠呼世晴／集英社

## 『ちいかわ　なんか小さくてかわいいやつ』
ナガノ（講談社）

のんびりマイペースなちいかわたち。それぞれの性格の違いを言葉にしてみよう。

## 『NARUTO―ナルト―』
岸本斉史（集英社）

日本古来の忍者がテーマ。忍法や技に日本語のおもしろさが光る。

©岸本斉史 スコット／集英社

## 『ちびまる子ちゃん』
さくらももこ（集英社）

古き良き時代の家族観の中に、子どもならではの鋭い視点やツッコミが冴える。

©さくらプロダクション

## 『SPY×FAMILY』
遠藤達哉（集英社）

スパイと暗殺者と超能力者の疑似家族は、まさに多様性のかたまり！

## 『SLAM DUNK　新装再編版』
井上雄彦（集英社）

体育会系高校生の努力と友情の物語。名言連発、心にささった言葉をメモしておこう。

©井上雄彦 I.T.Planning,Inc.

## 『新コボちゃん』
植田まさし（芳文社）

コボちゃんの4コマを200字で要約する
練習をすると国語力が身につきます！

©植田まさし/芳文社

## 『ケロロ軍曹』
吉崎観音（KADOKAWA）

カエルの姿の宇宙人・ケロロ軍曹のギャ
グマンガ。親子でパロディのネタ元を探
すのも一興。

## 『ポケットモンスター』
五味まちと、田尻智・増田順一・杉森健／原案、
石原恒和／スーパーバイザー（小学館）

さまざまなポケモンキャラクターたちの、
名前の由来や語源を考えてみよう。

## 『ガラスの仮面』
美内すずえ（白泉社）

演劇をテーマにした大作マンガ。好きな
ことにのめり込む素晴らしさを味わおう。

©美内すずえ／白泉社

## 『ちはやふる』
末次由紀（講談社）

青春物語と百人一首の合わせ技。競技かるたのおもしろさを知ることができます。

## 『DRAGON BALL』
鳥山明（集英社）

西遊記をモチーフにした冒険マンガ。早いストーリー展開をつかむのがポイント。

©バード・スタジオ／集英社

## 『ベルサイユのばら』
池田理代子（集英社）

フランス革命を背景に展開される若者たちの日々。世界史を知るきっかけにもなります。

©池田理代子プロダクション／集英社

## 『あさきゆめみし　新装版』
大和和紀（講談社）

雅な世界を堪能できるマンガ。源氏物語に忠実に描かれていて大学受験にも役立つ！

# 声に出して何度も読みたい詩

### 「初恋」 島崎藤村
初々しい2人が、思いを寄せ、少しずつ心を近づけていく様子にドキドキします。

### 「雨ニモマケズ」 宮沢賢治
賢治が「こういうふうに生きたい」という理想を描いた詩。誠実さがうかがえます。

### 「永訣の朝」 宮沢賢治
大切な妹が、病気でなくなる瞬間をうたっています。賢治の痛切な思いが伝わってきます。

### 「わたしを束ねないで」 新川和江
肩書きや役割ではなく、この「わたし」をちゃんと見てほしいという願いが込められています。

### 「自分の感受性くらい」 茨木のり子
物事を感じとる力は、自分自身で磨いて保っていくものだという矜持に背筋が伸びます。

### 「わたしが一番きれいだったとき」 茨木のり子
戦争で青春をうばわれてしまったとうたうことで、戦争反対の思いが強く伝わってきます。

### 「倚りかからず」 茨木のり子
頼ることと依存することの違いについて、親子で話してみるといいでしょう。

### 「表札」 石垣りん
自分とは何者か、その答えを持っておくことの大切さを考えるきっかけになります。

### 「心よ」 八木重吉
時として、心を解き放って、遠くに飛ばしてあげるようなイメージを持つとラクになれますね。

## 「草にすわる」 八木重吉

焦ったり、悩んだり、困ったりしたときは、とりあえず座ってみる。それでいいんです。

## 「道程」 高村光太郎

自分にとって大きな存在に見守られていれば、きっとあらたな一歩が踏み出せます。

## 「汚れっちまった悲しみに……」 中原中也

どうしようもない自分をもてあますやるせなさが、中也らしい言葉選びで表現されています。

## 「サーカス」 中原中也

「ゆあーん　ゆよーん　ゆやゆよん」は空中ブランコの様子。音読に最適な詩です。

## 「こだまでしょうか」 金子みすゞ

どんなにケンカしても、友だちがいるっていいなと思えます。

## 「大漁」 金子みすゞ

小さな魚にも心を寄せるみすゞの優しさ、繊細さが言葉に表れています。

## 「竹」 萩原朔太郎

あの立派な竹の、地面の下はどうなっているんだろう？　朔太郎の興味と想像力が発揮されています。

## 「猫」 萩原朔太郎

猫の鳴き声が会話に聞こえた朔太郎の詩。次に猫を見かけたら、会話を想像してみましょう。

## 「降りつむ」 永瀬清子

戦争で傷ついた人や建物を、雪がそっと癒やしてくれるという詩です。

## 「あどけない話」 高村光太郎

光太郎の妻・智恵子は純粋な心をなくさずに大人になった女性。素直な感性が印象的です。

## 「いるか」 谷川俊太郎

言葉遊びの詩。詩の中に「いるか」は何回出てくるかを数えると楽しいです。

齋藤孝（さいとう・たかし）

1960年静岡県生まれ。東京大学法学部卒業。同大大学院教育学研究科博士課程等を経て、明治大学文学部教授。専門は教育学、身体論、コミュニケーション論。著書に、『だれでも書ける最高の読書感想文』『三色ボールペンで読む日本語』『呼吸入門』（以上、角川文庫）、『語彙力こそが教養である』『上機嫌の作法』『三色ボールペン情報活用術』（以上、角川新書）、『小学3年生から始める！こども語彙力1200 考える力が育ち、頭がグングンよくなる』『「なにを書けばいいかわからない…」が解決！こども文章力』（以上、KADOKAWA）、『声に出して読みたい日本語』（草思社）、『雑談力が上がる話し方』（ダイヤモンド社）など多数。
NHK Eテレ「にほんごであそぼ」総合指導。

カバーデザイン：菊池祐
本文デザイン：今住真由美
イラスト：こたきさえ
DTP：エヴリ・シンク
編集協力：佐藤恵

親子で楽しく考える力が身につく！
# 子どもの語彙力の育て方

2023年4月3日　初版発行

著者／齋藤孝

発行者／山下直久

発行／株式会社KADOKAWA
〒102-8177　東京都千代田区富士見2-13-3
電話 0570-002-301(ナビダイヤル)

印刷所／図書印刷株式会社

●お問い合わせ
https://www.kadokawa.co.jp/ (「お問い合わせ」へお進みください)
※内容によっては、お答えできない場合があります。
※サポートは日本国内のみとさせていただきます。
※Japanese text only

定価はカバーに表示してあります。